AF260410

ÉTUDE

SUR LA

DETTE COMMUNALE

THÈSE POUR LE DOCTORAT

L'ACTE PUBLIC SUR LES MATIÈRES CI-APRÈS

Sera soutenu le Vendredi 2 Juin 1899, à une heure

PAR

RENÉ FARGE

Président : M. BERTHÉLEMY, *professeur.*
Suffragants { MM. CHAVEGRIN, *professeur.*
CHÉNON, *professeur.*

LAVAL

LÉON BARNÉOUD & Cie

IMPRIMERIE PARISIENNE

8, Rue Ricordaine

1899

A MON PÈRE

A MA MÈRE

INTRODUCTION

Personnes morales ayant à contracter, acquérir, s'engager, afin de pourvoir à leurs intérêts matériels et moraux, les communes sont obligées d'équilibrer chaque année leurs recettes et leurs dépenses.

Mais l'équilibre des budgets communaux n'est trop souvent qu'apparent. Outre les charges assumées et réglées annuellement pour les besoins courants des services municipaux, il se produit quelquefois, en effet, dans la vie communale, des nécessités extraordinaires entraînant des dépenses si lourdes qu'elles ne peuvent être immédiatement couvertes par les revenus fiscaux.

Les communes doivent scinder alors le remboursement de ces dépenses spéciales par fractions plus ou moins considérables en escomptant les ressources que fourniront leurs budgets futurs.

Ce sont ces charges, de durée variable mais dépassant toujours la gestion de l'exercice, et pour lesquelles il n'existe point de fonds actuellement disponibles dans les caisses municipales, que nous nous proposons d'étudier dans ce travail.

Ce passif, qui engage l'avenir, a grandi dans de très inquiétantes proportions sans qu'on y prît garde ; « il s'est accentué dans l'ombre », et ce n'est qu'à une époque relativement récente que l'attention des administrateurs

et des hommes politiques s'est trouvée, par la force des
choses, attirée sur les dangers considérables qu'il fait
naître.

Aujourd'hui, ce passif menace, non seulement la bonne
gestion des intérêts locaux, mais encore la fortune de
l'Etat lui-même, car celle-ci est toujours intimement liée
à la fortune communale.

D'ailleurs, quelques chiffres vont montrer la gravité
de la situation actuelle.

La première Statistique financière communale publiée
par les soins du ministère de l'Intérieur, à la date du 15
mars 1806, ne concerne, il est vrai, que les villes ayant
au moins un million de revenus ordinaires (Paris compris) (1). Elle nous apprend que les dettes de ces villes
s'élevaient à la somme bien modique de 4.393.275 francs
dont 1.500.000 francs pour Paris.

Or, la Statistique ministérielle dressée en 1877 (2) nous
indique que le montant des dettes que ces mêmes villes
laissaient en souffrance s'élevait au chiffre énorme de
2 353 732.267 francs dont 1.988.276.523 francs pour
Paris.

Si maintenant nous faisons, pour toutes les communes
de France, et à diverses époques, le relevé du capital de
la dette communale, Paris compris, les statistiques montrent que ce passif était, en 1846 de 76.764.606 francs (3),

1. *Rapport du ministre de l'Intérieur à l'Empereur sur la
comptabilité des communes*. Voir : De Luçay, *Mélanges de finances et d'économie politique et rurale*, p. 219.
2. Situation financière et matérielle des communes en 1877, publiée le 15 janvier 1880.
3. Rapport de la commission extra-parlementaire instituée par
le décret du 23 mars 1850 (De Luçay, *op. cit.*, pages 232-233).

chiffre relativement peu élevé ; au 31 décembre 1862,
il atteignit 684.537.582 francs 80 centimes (1) ; au 31 mars
1878, il était de 2.745.754.306 francs ; au 31 mars 1890, il
s'élevait à 3.224.088.832 francs et enfin voici la progression fort inquiétante que nous constatons depuis 1890 (2).

Dette :	France entière	Paris	Autres communes
au 31 mars 1890	3,224,088,832 fr.	1,872,336,971 fr.	1,351,751,861 fr.
» 1891	3,293,954,001	1,920,807,024	1,373,156,977
» 1892	3,319,852,140	1,905,706,695	1,414,145,445
» 1893	3,296,916,123	1,873,203,891	1,423,712,234
» 1094	3,514,436,672	2,073,657,880	1,440,778,792
» 1895	3,515,153,501	2,043,883,752	1,471,269,749
» 1896	3,511,984,252 (3)	2,043,883,752 (4)	1,468,100,500

Il importe de remarquer que dans le chiffre formida-

1. Rapport du ministre de l'Intérieur en date du 20 mars 1865.

2. Les chiffres et notes ci-après sont extraits de la Situation financière des communes en 1897, publiée par le ministère de l'intérieur
en 1898.

3. La diminution de la dette communale en 1896, diminution de
plus de 3 millions, puisque la dette ne s'élève qu'à 3.511.984.252 fr.,
n'est qu'apparente ; elle doit être attribuée en partie à ce que le
chiffre du passif communal de la ville de Lyon avait été calculé
antérieurement sur le montant des emprunts autorisés ; dans la
statistique de 1897, le calcul a été établi, suivant la règle, d'après
les sommes effectivement réalisées, ce qui fait ressortir la dette de
cette ville à 73,154,540 francs, au lieu de 84,598,699 francs.

4. En ce qui concerne la ville de Paris, il y a lieu de faire remarquer que le chiffre de la dette se trouve être le même que celui qui
figurait dans la Situation de 1896. Cela provient de ce que jusqu'ici
l'administration préfectorale portait au tableau le chiffre de la
dette au 31 mars de l'année courante au lieu du 31 mars de l'année
précédente.

ble de 3. 511. 984. 252 francs auquel s'élevait en 1896 notre dette communale, le montant de la dette de la ville de Paris figurait pour une somme de 2.043.883.752 francs et, par conséquent, représentait plus de la moitié de la dette actuelle des communes ; mais l'étude du rapport de cette dette de la ville de Paris avec le total des autres dettes communales nous fournit, de 1806 à 1896, une progression intéressante à signaler.

La dette de la capitale était en 1806 de 1.500.000 francs (celle des villes ayant au moins un million était de 2.893.275 francs) ; — en 1846, de 30.555.929 francs, (46.208.677 francs étaient dus par les autres communes) ; en 1862, de 342 millions et demi, (341.932.000 francs pour les autres communes) — en 1877, de 1.988.276.523 francs (757.477.783 francs pour les autres communes (1).

Ainsi, la dette de la capitale qui était en 1877 presque triple de celle des autres communes, ne lui est maintenant supérieure que d'à peine un tiers.

L'étude de la dette des villes comptant plus de 100.000 habitants est également instructive, si nous recherchons ce que devient, à quelques années d'intervalle, le quantum de cette dette :

1. Les chiffres cités dans notre introduction sont seulement ceux des dettes communales en capital. Le remboursement de ce capital, joint à celui des intérêts et des lots, nécessitera des sommes bien supérieures qui sont connues pour Paris. Le total des annuités à payer par la Ville pour le service de ses dettes dépasse cinq milliards (5,051,579,361 fr. 70) ce qui représente une dette de plus de 2,000 francs par habitant !

Dettes des villes de France comptant plus de 100.000 habitants (1).

	au 31 mars 1893	au 31 mars 1896
Lyon.............	89,228,209 fr.	73,154,540 fr. (2)
Marseille	102,595,995	98,217,992
Bordeaux.............	33,062,615	34,113,400
Lille.,...............	38,724,296	37,902,144
Toulouse	23,792,868	22,707,494
Saint-Etienne	22,049,284	24,988,567
Nantes	13,412,403	15,262,981
Le Hâvre.............	49,537,807	47,899,357
Rouen................	40,687,545	38,810,440

Six de ces villes ont donc vu diminuer leur dette et celle des trois autres n'accuse qu'une faible augmentation si on la compare à la dette des autres communes.

Des tableaux d'ensemble qui viennent d'être présentés, nous concluons donc que si les très grandes villes ont pu, au moins momentanément, ne pas continuer à s'engager dans la voie dangereuse des emprunts, les localités d'importance moindre entrent aujourd'hui, au contraire, dans cette voie (3), plus périlleuse encore pour elles qu'elle ne l'est pour les grandes agglomérations.

1. Les chiffres suivants sont extraits des Situations financières des communes en 1893 et 1896, *passim.*
2. Voir *suprà,* page 3, note 3.
3. Dans le département d'Eure-et-Loir, 1,20 p. 0/0 des communes seulement n'est pas grevé de dettes. (Paul-Dubois), *Essai sur les finances communales,* page 279). — La dette des villes est de 854 millions (sans compter Paris) et, en 1890 déjà, près de 500 millions

Nous disons plus périlleuse, parce que, pour les petites localités, le développement de leurs dettes n'est pas en corrélation avec celui de leur richesse. Il ne faut pas, en effet, oublier qu'en France sur 36.000 communes, 30.000 possèdent seulement de 200 francs à 10.000 francs de revenus (1).

Cet immense développement de la dette communale que nous considérons comme un danger, n'a pas cependant été envisagé toujours ainsi. Quelques-uns voient dans l'accroissement général des dépenses « un signe « certain de la prospérité du pays et leur confiance dans « l'avenir en est augmentée d'autant » (2).

C'est ainsi qu'à l'exemple de quelques publicistes du xviiie siècle pour qui l'emprunt n'était qu'un moyen d'augmenter la richesse d'une nation, le rapporteur de la Situation financière communale en 1891 constate avec plaisir la diffusion des emprunts, « qui traduit un effort « tenté par les municipalités les plus modestes pour « améliorer les services parfois encore si rudimentaires « des collectivités rurales » (3).

S'il est vrai, répondrons-nous, qu' « on ne prête qu'aux

étaient dus par les municipalités rurales. (Acollas, *Finances communales*, p. 148, note 5). — En 1836, on ne comptait que 374 localités rurales grevées d'un passif, le nombre de ces localités était de 4,486 en 1862, de 13,592 en 1868, de 17,979 en 1877 et de 26,434 en 1890 (Situation financière des communes en 1891, introduction, page XXXV).

1. Et encore dans ces dernières communes, 70 environ ont moins de 200 francs de revenus.

2. Voir le rapport présenté au Sénat par le président Bonjean, le 13 juillet 1867. *Moniteur universel*, 1867, page 931.

3. Situation financière des communes en 1891, Introduction, page XXXV.

riches », il est plus vrai encore qu'on ne prête qu'à ceux qu'on croit riches, car si l'aphorisme précédent était démontré, il n'y aurait jamais de faillites. Or, qui pourrait soutenir que les communes soient à l'abri de cette dernière éventualité malgré le crédit dont elles semblent jouir encore ? N'a-t-on pas déjà envisagé la possibilité de liquidations communales ? Ne fut-il pas proposé, au cours d'une délibération du conseil municipal d'une grande ville, d'une très grande ville, de « faire simplement banqueroute » (1) ?

Il ne faut pas oublier, en effet, qu'à côté de la somme de 3 milliards et demi qui constitue la dette communale il existe aussi une dette départementale dont le montant en capital, à la clôture de l'exercice 1896, s'élevait à 423.716.228 francs 15 centimes (2). Le service de cette dette, c'est-à-dire les paiements effectués, tant pour l'amortissement du capital que pour le paiement des intérêts échus, a donné lieu, en 1896, à une dépense de 34.860.000 francs.

Enfin, le total des charges nettes de la dette de l'État qui était, en 1874, de 965 millions, s'élève, pour l'année 1899, à 1.152 millions, et, dès 1895, on avait calculé que tout Français devait participer au remboursement de cette seule dette pour une moyenne de 875 francs environ (3).

1. *L'Économiste français*, 15 février 1896, page 206.

2. Situation financière des départements en 1896. Publication du ministère de l'Intérieur, préface, page 15.

3. D'après les documents officiels publiés par le ministère des finances, le capital de la dette de l'État s'élevait, le 1er janvier 1897, à 30,601,155.465 francs, chiffre qui ne comprend pas tous les engagements de l'État [tels que les subventions pour chemin de fer d'in-

Devant cet accroissement formidable du capital des engagements du pays, il est permis de se demander avec M. Ernest Brelay si les générations qui nous succéderont « auront assez de piété filiale pour accepter no- « tre héritage autrement que sous bénéfice d'inven- « taire ». L'économiste ajoute : « C'est le secret de l'ave- « nir, mais plus d'un administré murmurera contre ses « grands parents et sera tenté de se demander si les lois « qui assurent l'indépendance et l'autonomie des indivi- « dus, en matière d'engagements ne pourraient pas s'ap- « pliquer aux collectivités » (1), et nous ne craignons pas d'affirmer que nous partageons ses craintes.

Mais, avant d'exposer en détail la situation qui est actuellement faite aux communes par suite de la progression constante de leurs dettes, voyons si, dans l'ancien régime, les administrations locales n'avaient point, comme aujourd'hui, été entraînées ,soit par elles-mêmes, soit par l'impulsion royale, à contracter des obligations dont le remboursement excédait leurs ressources.

Les dettes locales sous l'ancien régime et pendant la période révolutionnaire.

§ 1. — *Ancien régime.*

Dès le xiii° siècle, peu après leur émancipation, nous

térêt local, les annuités pour prêts scolaires (104 millions), etc...].
Revue politique et parlementaire. — Les finances françaises et le budget, pages 322 et 323.

1. *L'Economiste français,* 5 janvier 1895, page 10.

voyons les villes libres engager déjà imprudemment l'avenir au profit du présent afin de parer au déficit de leurs finances (1).

Pourtant, par une ordonnance dont la date précise est discutée et qui se place entre 1256 et 1261, Louis IX avait ordonné que le maire et les quatre prud'hommes de chaque ville du domaine vinssent lui rendre leurs comptes chaque année à l'octave de la Saint-Martin (2), et avait défendu aux villes et aux communes d'emprunter sans son autorisation.

Mais, ainsi que le déclare M. Borrelli de Serres (3) cette intervention du pouvoir royal dans les questions de finances communales n'était pas entièrement désintéressée : « On a fait grand honneur de cette mesure à la sollici- « tude de Saint-Louis pour son peuple..... Le véritable « but était d'assurer le paiement des redevances, d'esti- « mer le montant de ce qui pourrait être demandé sous « forme d'imposition, subside ou emprunt, d'autoriser « ou de prescrire l'établissement des taxes locales afin

1. Ainsi, la ville d'Amiens devait 7,800 livres en 1260 ; celle de Soissons. 5,700 livres en 1262 ; celle de Noyon, 16,000 livres, en 1278 ; celle de Rouen, 7,000 livres, en 1289, Luchaire. *Les communes françaises sous les premiers Capétiens*, page 198.

2. « Derechief, nous ordenons que li noviaus maires et li viez, et « quatre des preudeshomes de la ville, des quiex quatre li uns, « ou les deux qui auront receu, ou despandu cette année les biens « de la ville, viegnent à Paris à nos gens aux octaves de la Saint- « Martin ensuivant, pour rendre compte de leur recepte et de leurs « dépens. »

« Derechief nous ordenons et deffendons sur corps et sur avoir « à nos communes et à nos bonnes villes, que il ne prestent, ne ne « doignent à nulle manière de prest, ne de don fors vin en potz, ou « en bariz, sans notre congé. » Isambert, tome I, n° 174, page 277·

3. Borrelli de Serres, *Recherches sur divers services publics du XIIIe au XVIIe siècle*, page 95.

« d'équilibrer un surcroît d'exigences, de couper court aux
« réclamations des villes poussées à bout de ressour-
« ces ».

Bien que cette ordonnance fût observée sous Louis IX
et sous le règne suivant (1), par suite de l'accroissement constant des dépenses extraordinaires et la multiplicité des emprunts, des liquidations communales s'imposèrent dès les xiiie et xive siècles. C'est ainsi qu'une
ordonnance de 1291 décréta la faillite de la commune de
Noyon qui ne payait plus depuis 1278. En 1320, la liquidation de la ville de Senlis entraîna pour cette ville la
perte de sa liberté au profit du roi (2).

Les dispositions de l'ordonnance de 1291 relatives à
la commune de Noyon sont curieuses à rappeler :

« Les créanciers qui se présenteront seront tenus de
« renoncer à la partie usuraire, ou soupçonnée de l'être,
« de leur créance. On les invitera de plus, à abandonner,
« une partie du reste à titre gracieux.

« Les magistrats municipaux, étant les principaux auteurs
« de ce désastre financier, seront pécuniairement res-
« ponsables des dommages qu'ils ont causés. Les per-
« sonnes qui ont acheté des rentes à vie sur la commune
« ne seront remboursées que d'une partie du capital.

« Pour trouver le reste de la somme nécessaire à la
« liquidation, on vendra les immeubles et on saisira les

____

1. « R. Mignon, qui dressa, vers 1215, l'inventaire des archives de
« la Chambre des comptes, trouva une liasse de comptes rendus au
« nom des communes de 1277 à 1281 ». Langlois, *Le règne de
Philippe III le Hardi*, page 252.

2. Cependant à Rouen, à Arras, à Reims, à Moissac et à Toulouse,
l'intervention de l'autorité royale fut plus heureuse pour les villes.
Langlois, *op. cit.*, p. 255.

« meubles de tous les membres de la commune dans une
« proportion correspondant aux facultés de chacun,
« jusqu'à complète extinction de la dette » (1).

Quelles furent les causes de ces désastres financiers ?
On accuse généralement la mauvaise administration des
municipalités « égoïstes » et « exclusives » dont l'insouciance allait jusqu'à la malversation.

Mais ces motifs ne sont ni les seuls ni les plus importants. D'après M. Luchaire, ce ne sont pas les dépenses
ordinaires municipales qui ont amené la ruine des communes, mais les dépenses extraordinaires que nécessitaient les exigences de la royauté (2).

Les villes devaient en effet payer à l'autorité royale
ou féodale le rachat de la liberté qui leur avait été con-
cédée, rachat dont le prix consistait le plus souvent en
une lourde rente perpétuelle (3) ; en outre, elles devaient
consentir, à chaque guerre, des prêts volontaires au roi
et le montant de ces prêts ne leur était restitué qu'en
partie, à moins qu'il ne le fût pas du tout. C'étaient encore les pots-de-vins qu'elles devaient offrir aux officiers
royaux de passage ; mais c'était surtout sous le poids
d'amendes énormes que succombaient les villes (4).
Ces amendes leur étaient infligées par les baillis ou par le
Parlement pour de nombreux motifs : à chaque retard

1. Luchaire, *op. cit.*, pages 203, 204.
2. Luchaire, *op. cit.*, page 205.
3. Mantes devait une rente de 1,100 livres, Chaumont, une rente
de 300 livres, Amiens, une rente de 690 livres. Luchaire, *op. cit.*,
page 204.
4. « La ville de Beauvais fut condamnée à payer 10.000 livres,
« soit plus d'un million de notre monnaie ». Luchaire, *op. cit.*,
page 205.

dans le paiement des rentes dues au roi, à chaque réformation par les juges royaux des jugements rendus par la justice communale, etc...

Aussi M. Luchaire conclut-il qu' « il faut avouer que « les rois et leurs agents avaient mauvaise grâce à se « plaindre des désordres financiers des communes, « car ils ont tout fait pour les entretenir et en accroître « la gravité... La plus grosse part du déficit dans les bud- « gets communaux reste imputable à la monarchie » (1).

Dans la suite, l'arbitraire royal s'exerça sous une autre forme. Au XVIe siècle, les grandes villes du royaume ne supportent point seulement la charge de leurs propres emprunts, car, pour suppléer au crédit personnel qui leur manquait, les rois imaginèrent « d'emprunter sous le « couvert des villes les plus riches, Paris en tête » (2).

Cet appel au crédit de la capitale, discret au début, devint de plus en plus pressant et fréquent, malgré les résistances des autorités municipales de Paris. « Malheureu- « sement, la lutte était inégale : la ville de Paris, malgré « ses privilèges, était mal défendue contre l'autorité sans « frein d'un monarque. Elle fut impuissante à endiguer le « flot toujours renouvelé des émissions ; l'appauvrisse- « ment résultant des malheurs du royaume, en réduisant « les recettes fiscales, ne permit plus, bien avant la fin « du règne de Henri III, le paiement régulier des arréra-

1. « La fiscalité royale fut en bonne partie responsable de cet « état désastreux ». Lavisse, *Histoire générale*, t. II, p. 468.

2. Cauwès, *Les commencements du crédit public en France. Les rentes sur l'Hôtel de Ville au XVIe siècle. Revue d'économie politique*, année 1896, page 100.

« ges »..... « A partir de 1590, on ne paie plus les rentes,
« si ce n'est par faveur ou commisération » (1).

L'autorité royale sembla cependant, au xviiᵉ siècle, vouloir réagir contre le développement excessif des dettes des
villes et des communautés, développement auquel elle
avait tant contribué. Par un édit de 1667, Colbert exigea
des villes et des communautés la production de l'état dé-
taillé de leurs dettes que les intendants furent chargés
de vérifier en n'admettant que les plus sérieuses et en
rejetant ou en réduisant les autres.

Mais le bénéfice recherché dans cette opération qui fut
poussée avec vigueur (2) par quelques intendants était
bien plutôt pour le trésor royal que pour les caisses des
villes et communautés dans lesquelles puisa sans trêve
la royauté.

Le recueil de la correspondance des contrôleurs généraux des finances avec les intendants des provinces,
publié récemment par M. de Boislisle, montre qu'aux xviiᵉ
et xviiiᵉ siècles, plus encore que sous les siècles précédents, les guerres et les impositions extraordinaires
royales acculèrent les municipalités à la banqueroute (3).

Dans une lettre de l'intendant de Provence au contrôleur général, en date du 17 octobre 1687, on voit qu'en
1642, la plupart des communautés de cette province
avaient payé leurs créanciers, et que cependant, depuis

1. Cauwès, *op. cit.*, pages 101, 475.
2. « Le bilan vérifié de la dette des bourgs et des communautés
« rurales de la Bourgogne s'élevait à la somme de 2,800,000 livres.
« La dette de la ville de Dijon qui s'élevait à 523,621 livres fut ré-
« duite à 287,521 livres ». Garnier, *Introduction de l'Inventaire
sommaire des archives de la Côte-d'Or*, p. 20 et 21.
3. Voir une note de Colbert à l'intendant de Metz, *Journal des
Economistes*, année 1896, n° 28, p. 8.

cette époque elles avaient assumé une nouvelle charge de 23 millions de dettes !

Pour expliquer ce chiffre, l'intendant invoque naturellement « la dissipation et les déprédations des consuls « exacteurs, trésoriers et administrateurs (1) », mais on lit plus loin que, bien que les intérêts dus pour ces 23 millions montent à 1.150.000 livres environ, la province doit en outre accorder annuellement au Roy pour don gratuit ou autre 660.000 livres, et à titre d'intérêts des sommes empruntées, d'appointements de MM. les gouverneurs et lieutenants du Roy, de solde de la maréchaussée, d'étapes des troupes de Sa Majesté, de gages des officiers et autres, elle doit encore payer 500.000 livres ; au total 1.100.000 livres.

Dans la plus grande partie de cette correspondance, les intendants détaillent l'insuffisance des ressources et la multiplicité des dettes des communautés (2); aussi,

1. Voir, dans le même sens, une lettre de M. de Vaubourg, intendant en Franche-Comté au contrôleur général : « Pontarlier n'est « endettée que par suite d'une mauvaise administration des deniers communs. Ainsi l'assemblée des notables, qui est une vraie « cohue, a dépensé 6,469 livres à réparer la maison qu'elle loue « pour loger le gouverneur... » (Lettre du 9 décembre 1698).

2. « Les villes d'Artois, surtout Arras et Saint-Omer ont de si « grandes charges qu'elles ne peuvent payer les vieux arrérages « des rentes qu'elles doivent » (Lettre de M. Chauvelin, intendant de Picardie au contrôleur général, du 18 mars 1689).

« Montargis est noyé de dettes, Dourdan est la plus gueuse ville « de la généralité » (Lettre de M. de Creil, intendant à Orléans, du 26 mars 1689).

« La ville d'Aix doit 1,600 à 1.700,000 livres, celle d'Arles doit plus de 1,000,000 livres, celle de Tarascon, 600,000 livres » (Lettre de M. Lebret, intendant en Provence, du 4 septembre 1692).

« Trois millions de dettes sont à payer par la ville de Bordeaux ». (Lettre de M. de Bezons, intendant à Bordeaux, du 16 avril 1695).

lorsque le Roi autorise les communes à emprunter afin qu'elles lui fournissent les secours qu'il réclame, il est impossible de trouver des prêteurs (1), et, sur le conseil des intendants, les anciens créanciers des communes se voient souvent privés d'une ou plusieurs années de leurs intérêts au profit du Roi.

De 1709 à 1715, à la suite d'inondations, de mauvaises récoltes et surtout des revers de nos armes, la pénurie des finances devient telle que les communautés ne peuvent pas même trouver des avances pour acheter le grain nécessaire aux semences.

Le contrôleur général est fréquemment consulté sur le point de savoir « si on peut contraindre un homme qui « a du blé dans son grenier de le prêter à une commu- « nauté sans argent en lui donnant seulement le privi- « lège sur les semences » (2).

Le contrôle organisé par la royauté, quelque nom- breux que fussent les organes chargés de ce contrôle (baillis, intendants, subdélégués, assemblées provincia-

« Marseille et Arles doivent en principal près de 3,000,000 livres « dont 1,000,000 livres pour Arles ». Lettre de M. Lebret, du 15 dé- cembre 1699).

« Les dettes de la ville de Toulouse sont pour le moins, égales à « ses revenus ». (Lettre de M. de Baville, intendant en Languedoc, du 1er octobre 1700).

« Les dettes exigibles du bourg de Salives, qui ne compte que « 38 habitants, s'élèvent à 13,000 livres environ ». Lettre de M. Pi- non, intendant en Bourgogne, du 7 mai 1707).

1. Voir la lettre du contrôleur général à M. de Vaubourg, inten- dant en Auvergne, en date du 14 avril 1689 et celle de M. de Ber- nage, intendant à Amiens, en date du 3 mai 1710.

2. Réponse de M. de Baville, intendant en Languedoc du 26 sep- tembre 1709. Voir aussi pour prêts de semences les lettres du 18 et 20 octobre, 2 novembre 1712, 10 et 28 janvier, 7 avril, 30 mai, 21 juin, 18, 25 et 30 juillet, 23 août, 18 et 28 septembre 1713·

les) n'avait donc guère servi à alléger les charges des villes et villages.

La situation que les exigences royales avaient faite à ces localités était d'ailleurs désastreuse à bien d'autres points de vue : c'est ainsi que les formalités, préalables à l'exécution des travaux communaux duraient trois et quatre années et que les intendants et les juges locaux se disputaient la connaissance des procès intéressant les communes (celui de la commune de Riceys dura 11 ans et aucune solution ne lui fut donnée faute d'argent) (1).

Les cahiers de Chelles et de Jublines contiennent, sur ces points, des plaintes éloquentes : « On traite les habi-« tants des villages presque partout comme des escla-« ves ou comme des enfants qui sont en tutelle. Les « revenus sont morts pour eux..... Il ne leur est même « pas permis de savoir ce qu'il y a dans leur caisse. « Il y a des maladies épidémiques, on leur répond « que les fonds ne doivent servir que pour les chemins ; « demandent-ils des chemins, on veut leur prouver qu'ils « ne sont pas nécessaires. Ainsi tout périt faute d'en-« tretien » (2).

Des liquidations désastreuses pour les créanciers furent le résultat de cette misère générale. Tandis que dans la province du Dauphiné, des paroisses ne payèrent que 50 pour 100 des arrérages qu'elles devaient (3), on vit

1. A. Babeau, *Le village sous l'ancien régime*, page 88.
2. Cahiers de Chelles et de Jublines, *Archives parlementaires*, t. IV, pages 422, 609.
3. *Inventaire des Archives départementales de la Drôme*, page 91.

les habitants de plusieurs villages du Languedoc abandonner leurs biens aux créanciers de la communauté et
cultiver en qualité de fermiers les champs dont ils étaient
précédemment propriétaires (1).

Ainsi, malgré la rigoureuse tutelle que le roi avait établie sur les administrations locales, on retrouve, quatre
siècles après que la ville de Noyon eût liquidé sa dette
aux conditions désastreuses indiquées plus haut, un semblable mode de liquidation appliqué dans un certain nombre de communautés méridionales. On peut donc conclure que cette tutelle n'avait pas beaucoup amélioré la
situation.

§ 2. — *Période révolutionnaire.*

Recherchons maintenant de quelle manière les villes
et communautés sont parvenues à se libérer du passif,
si écrasant pour la plupart d'entres elles, dont nous venons, dans notre ancien droit, de suivre la progression,
alors qu'en 1804 le montant de ce passif, quant aux villes
ayant au moins un million de revenus, n'était plus que
de 2.893.275 francs. Ce sont les assemblées révolution-
naires qui opérèrent la liquidation générale et définitive
des dettes locales, liquidation que nous avons vu entreprendre sans succès par le pouvoir royal dès le règne
de Louis IX.

Signalons tout d'abord des essais en ce sens. Depuis
1791. une réforme était urgente par suite de la suppres-

1. *L'ami des hommes*, t. IV, page 163.

sion des octrois dont les villes employaient le produit
à rembourser les intérêts de leurs dettes. D'ailleurs, les
députés de l'Assemblée nationale se rendaient compte de
l'impossibilité où se trouvaient les contribuables d'acquitter les impôts généraux si les charges locales n'étaient
pas allégées, et Dupont de Nemours le démontrait ainsi,
le 5 août 1791, devant l'Assemblée :

« Si vous ne veniez au secours des villes, surtout des
« grandes, il y en a plusieurs qui se trouveraient telle-
« ment chargées de dettes, qu'elles seraient obligées d'a-
« jouter à leur contribution foncière et à leur contribu-
« tion mobilière, jusqu'à 15 sols pour livre ; or si vous
« avez cru que la nation pouvait supporter un impôt en
« contribution mobilière de 60 millions, vous n'avez pas
« entendu qu'il y eût quelques parties du royaume qui
« payassent dans la même proportion que si vous eussiez
« imposé 660 millions (1). »

Le jour même, l'Assemblée nationale adoptait le projet de décret qui lui était soumis par Dupont de Nemours au nom des comités des finances et des contributions publiques. L'article 1er de ce décret obligeait les
villes et communes à appliquer, dans le délai de deux

1. D'autres motifs allégués par Dupont de Nemours sont intéres
sants à rappeler : « Il importe essentiellement que toutes les villes
« du royaume soient dans un tel état de niveau, qu'il n'y ait
« aucune raison particulière pour que le commerce, les arts et les
« fabriques se portent d'un côté du royaume plutôt que de l'autre.
« Il importe donc que les différentes charges des villes, municipa-
« lités et communes soient dans une égale proportion, afin que
« les fabriques, les arts et le commerce déterminent leur séjour
« dans le lieu qui leur est le plus avantageux, et sans aucune autre
« considération que le plus grand intérêt général, que la plus
« grande utilité publique ». *Archives parlementaires*, 5 août 1791,
XXIX, page 194.

mois, au paiement de leurs dettes le bénéfice qui leur était attribué dans la revente des domaines nationaux (1).

D'après les articles suivants, les villes et communes qui n'avaient point acquis de domaines nationaux ou dont les dettes excédaient le bénéfice qu'elles avaient réalisé sur la revente de ces domaines, devaient, dans le même délai de deux mois, aliéner leurs biens patrimoniaux.

Enfin, au cas d'insuffisance du produit de ces aliénations et du bénéfice attribué aux communes dans la revente des domaines nationaux, les municipalités étaient tenues d'ajouter à leurs contributions foncière et mobilière un sol pour livre et d'en appliquer le produit au paiement des arrérages et au remboursement successif de leurs dettes, de façon à affecter 10 deniers au paiement des intérêts et 2 deniers au fond d'amortissement (article 3 du décret).

Mais l'innovation la plus importante était celle apportée par l'article 5 qui décidait que la nation prenait à sa charge le surplus des dettes dont le paiement n'aurait point été effectué à l'aide des ressources que nous venons d'énumérer.

L'échec du législateur de 1791 fut complet.

Bien que l'article 6 du précédent décret obligeât les les villes et communes à transmettre, dans le mois de sa publication, l'état général de leur dettes au directoire de district (qui devait le transmettre par l'intermédiaire du directoire de département au Directeur général de liqui-

---

1. Un décret du 14 mai 1790 avait accordé aux municipalités un bénéfice d' 1/16 sur le capital des reventes des domaines nationaux qu'elles avaient acquis.

dation), aucun de ces relevés n'avait encore été présenté
en 1792 au Directeur général. Au contraire, les villes, Paris
en tête, demandaient que la loi du 5 août 1791 ne leur
fût pas appliquée. Elles démontraient que la presque totalité de leurs dettes avait été contractée, non pour leurs
propres besoins, mais pour ceux « sans cesse renais-
« sants de l'ancien régime. » Notamment, le 30 avril
1792, le conseil général de Paris faisait ressortir que
la dette de la capitale s'élevait approximativement
(tous les créanciers ne s'étant pas encore présentés) à
46.244.049 livres, et que, si la ville de Paris était obligée
de remplir toutes les conditions imposées par la loi du
5 août, « il faudrait qu'en se dépouillant de toutes ses
« propriétés et en renonçant aux bénéfices que la loi lui
« accorde dans la revente des biens nationaux, elle se
« chargeât encore, pendant 30 années, d'un million et plus
« de contribution annuelle, et que par d'aussi grands sa-
« crifices elle acquittât une dette qui n'est que fictivement
« la sienne, puisque les deniers de tous ces emprunts
« versés dans le trésor royal, ont été employés à des dé-
« penses qui ne concernaient pas la ville de Paris, puis-
« que les droits qui leur avaient été accordés pour ac-
« quitter les intérêts des sommes empruntées sous son
« nom, ont été supprimés et que cette dette étant évidem-
« ment dans la classe de celles qui ont été contractées
« pour les besoins de l'État, elle doit, aux termes de la
« loi du 10 août, être prise à la charge de l'État ». Aussi,
Pétion, maire de Paris, priait l'Assemblée nationale :

1° De placer au rang des dettes nationales, les
33.642.250 livres qui formaient le capital de la dette contractée par l'ancienne administration de la ville de Paris ;

2° d'accorder à la municipalité la somme de 1.980.000 livres pour acquitter les arrérages échus le 30 décembre 1791 ;

3° de fixer aux créanciers de la commune, un terme de rigueur, passé lequel ceux qui ne se seront pas présentés ne serait plus admis à présenter leurs titres (1).

De son côté, et pour des motifs analogues, la municipalité de Lyon avait demandé à l'Assemblée législative que les 9/10 de ses dettes (dont elle ne pouvait encore faire connaître le chiffre précis), fussent acquittés par la nation (2) et, par décret du 28 avril 1792, l'administrateur de la caisse de l'extraordinaire était autorisé à verser à la caisse de la commune de Lyon, une avance de 1 million 693.580 livres formant la valeur d'une année des arrérages dus aux créanciers de la ville.

Dans son célèbre rapport sur la dette publiqne présenté à la Convention le 15 août 1793 (3), Cambon se trouvait donc forcé d'avouer « qu'en vain on avait rendu plu-
« sieurs décrets pour ordonner aux villes et communes
« de fournir l'état de leur actif et passif, afin de con-
« naître la partie de la dette qui serait à la charge de la
« nation ; en vain avait-on décrété la déchéance des maires
« et officiers municipaux qui ne les auraient pas fournis,
« le corps législatif n'avait reçu aucun des états deman-
« dés, ce qui l'obligeait à évaluer cette partie de la dette
« publique à 150 millions de capital ou 6 millions de
« rente annuelle. »

1. *Archives parlementaires*, 30 avril 1792, XLII, page 523.
2. *Archives parlementaires*, 4 avril 1792, XLI, page 178.
3. *Réimpression de l'ancien Moniteur*, 1793, XVII, page 777 et suiv.

Devant cette résistance des communes dont les créanciers « ne savaient à qui s'adresser pour le paiement des intérêts qui leur étaient dus », Cambon proposait de réformer une législation « qui servait de prétexte pour « faire sortir des sommes considérables du trésor natio- « nal », car les municipalités affectaient à des dépenses extraordinaires souvent inutiles le produit du 1/16 du bénéfice qui leur avait été accordé sur la vente des domaines nationaux afin d'acquitter leurs dettes.

La législation nouvelle, proposée par Cambon et adoptée le 24 août 1793, décida que les dettes communales contractées antérieurement au 10 août de cette même année seraient mise à la charge de la nation qui, comme compensation, s'emparerait de l'actif des communes jusqu'à concurrence du montant de ces dettes (1).

1. « *Article 82*. — Toutes les dettes des communes contractées « en vertu d'une délibération légalement autorisée. ou dont le « fonds en provenant aura été employé pour l'établissement de la « liberté, jusques et compris le 10 août 1793, sont déclarées dettes « nationales.

« *Article 83*. — Sont exceptées les dettes qui auront été con- « tractées pour fournir à des dépenses qui ont eu pour but de mar- « cher contre Paris ou contre la Convention, ces dépenses devant « être acquittées par ceux qui les auront ordonnées.

« *Article 86*. — Les dettes des communes, des départements et « des districts seront liquidées, remboursées ou inscrites sur le « grand-livre, d'après les formes précédemment prescrites pour la « liquidation des autres créances sur la République.

« *Article 90*. — Toutes les créances dues par la République « aux communes, à quelque titre que ce soit, sont éteintes et sup- « primées dès ce jour au profit de la nation : elles ne seront plus « portées sur les livres ou états de la dette publique.

« *Article 91*. — Tout l'actif des communes pour le compte des- « quelles la République se charge d'acquitter les dettes, [excepté « les biens communaux dont le partage est décrété et les objets « destinés pour les établissements publics] appartiennent, dès ce

Bien que le désir de venir en aide aux communes et à
leurs créanciers fût allégué tout d'abord par Cambon, le
vrai but de cette nationalisation était de centraliser l'administration des finances. ainsi que le montre le passage
suivant du rapport précité :

« Déclarez dettes nationales les dettes des communes,
« en déclarant propriétés nationales tout leur actif, ex-
« cepté les biens communaux, dont le partage est décrété,
« et les meubles et immeubles destinés aux établisse-
« ments publics. Vous n'aurez plus d'administrations
« municipales qui, avec des fonds particuliers, pour-
« raient avoir l'idée de se séparer de la grande commu-
« ne, vous enlèverez aux partisans de l'ancien régime
« les moyens de placer leurs fonds sur des anciens titres,
« qui survivraient à une régénération de la dette ; for-
« mez un ensemble de toute la dette publique, de quelque
« part qu'elle provienne ; qu'elle soit une, comme le gou-
« vernement qui vient d'être adopté » (1).

Si les communes furent ainsi affranchies de leurs dettes
antérieures à 1793, il n'est pas inutile de rechercher si
cette mesure porta, ainsi que le promettait Cambon, « la
« consolation dans l'âme de leurs créanciers, jusqu'alors
« renvoyés d'une administration municipale à la barre
« dela Convention ou à un comité, qui les renvoie, à son
« tour, aux administrateurs. »
En avril 1792, Pétion, maire de Paris, avait déjà fait

« jour, à la nation, jusqu'à concurrence du montant des dites
« dettes ».
1. *Réimpression de l'ancien Moniteur,* 1793, tome XVII,
page 787.

appel à la justice et à l'humanité de l'Assemblée législative en faveur « des rentiers et des pensionnaires de la « Ville de Paris, qui, depuis 15 mois, n'avaient encore « rien touché, des femmes, des vieillards, qui, n'ayant « pour subsister que leur modique rente, ou le secours « d'une faible pension, se trouvaient dans la dernière « détresse. » (1)

Les créanciers des communes, devenus créanciers de l'Etat, ne durent guère se féliciter de ce changement de débiteur, car la liquidation de la dette publique suivit bientôt celle des dettes communales.

Par suite de la disparition du numéraire et par suite du discrédit des assignats qui, en 1796, avaient été émis pour une somme de 45 milliards 500 millions, la situation déplorable des finances de la République rendit nécessaire une conversion de la dette de l'Etat qu'opéra la loi du 9 vendémiaire-24 frimaire an VI.

Le principal moyen de trésorerie employé par cette loi était, en effet, la création des bons d'acquisition des biens nationaux livrés à la circulation en paiement des 2/3 de la dette, le dernier 1/3 étant représenté par des bons spéciaux qui prirent le nom de tiers consolidé.

Ces bons d'acquisition furent si nombreux qu'ils perdirent, dès leur émission, les 9/10 de leur valeur. et, par la suite, l'Etat respecta si peu les engagements qu'il avait pris envers ses créanciers qu'une loi du 27 brumaire an VII, admit les acquéreurs de biens nationaux, en exécution de la loi du 9 vendémiaire an VI, à se libérer en numéraire en payant pour 100 francs de bons, 1 fr. 10, 1 fr. 95

1. *Archives parlementaires*, 30 avril 1792, XLII, page 523.

ou 2 francs, suivant qu'ils s'acquittaient dans 2, 3, ou 4 mois !

La banqueroute a donc liquidé les dettes communales de l'ancien régime..

———

Nous avons dit qu'en matière de finances la tutelle royale ne fut, au cours de ces derniers siècles, que trop funeste aux villes et communautés et nous avons conclu que c'est bien moins dans leur intérêt que dans celui du trésor royal que cette tutelle s'établit de plus en plus étroitement.

Aujourd'hui, de même qu'à la fin de l'ancien régime, la commune n'est pas une autorité souveraine, libre et irresponsable. Depuis l'an VIII, les autorités municipales sont subordonnées au pouvoir central et si les lois décentralisatrices de 1837, de 1867 et de 1884 ont augmenté progressivement les franchises communales, l'Etat possède encore sur la vie municipale de très importants droits de contrôle.

Le plus important de ces droits est, à coup sûr, son contrôle financier. Ce qu'il importe de remarquer tout d'abord, c'est que ce contrôle a trouvé sa base juridique dans le fait que l'Etat veut conserver l'intégralité du patrimoine communal et c'est en arguant de ce motif que le législateur a refusé aux communes une autonomie complète : « La théorie des autonomistes, — dit M. de Mar-
« cère, rapporteur de la loi du 5 avril 1884, dans l'exposé

« des motifs de cette loi, — attribue aux communes
« une véritable souveraineté dans leurs rapports avec le
« pouvoir central, et elle aurait pour résultat de leur
« permettre de se soustraire aux obligations que leur im-
« posent l'intérêt général et le bon soin des générations
« futures......

« Il est contradictoire de se dire soumis aux devoirs
« de solidarité qui relient entre elles les générations et
« sur lesquels on fonde l'idée de patrie, et en même
« temps d'admettre que les communes, qui ne sont rien
« que par la tradition, par l'enchaînement des familles
« vivant côte à côte sur le même sol, par la jouissance
« perpétuelle des biens communs, pourraient, par des
« décisions arbitraires et actuelles, mais définitives dans
« leurs effets, sacrifier au présent tout l'avenir ouvert de-
« vant elles ».

Les craintes du rapporteur de la loi de 1884 avaient été
depuis longtemps exprimées ; elles étaient déjà celles
que détaillait devant le Sénat, le Président Bonjean,
rapporteur de la loi de 1867 : « Ephémères comme elles
« le sont, plus préoccupées du présent que d'un avenir
« qui n'est pas fait pour elles, la plupart des autorités
« locales ont pour défaut principal une trop grande ten-
« dance à la prodigalité. On veut laisser trace de son
« passage : *monumentum exigi* ; on aspire d'autant plus
« à la popularité qui s'attache à certaines entreprises,
« que l'impopularité des moyens d'en solder la dépense
« doit le plus souvent retomber sur un successeur. — Si
« donc les autorités locales avaient pleine liberté d'établir
« des taxes, les facultés contributives des citoyens, épui-
« sées par ces taxes locales, ne pourraient que bien plus

« difficilement subvenir aux sacrifices que l'Etat est ap-
« pelé à leur demander pour les dépenses d'intérêt gé-
« néral » (1).

Ces craintes sont-elles exagérées? Nous ne le pensons
pas.

Depuis comme avant 1867, trop souvent, en effet, dès
leur nomination, les conseillers municipaux de nos villes
votent les nouveaux programmes de grands travaux
qu'ils veulent réaliser d'ensemble, sans plan raisonné,
sans étapes logiques, car ils ne voient que le résultat dans
le présent.

A chaque instant, nous voyons les circulaires ministérielles (2) insister sur l'imprévoyance regrettable que les
autorités locales montrent dans la gestion des deniers
publics. Le Ministre de l'Intérieur est même obligé
de constater des infractions répétées aux règles de la
comptabilité communale ; notamment, les conseils municipaux ne craignent pas d'établir les budgets en déficit,
soit en n'assurant par aucune ressource spéciale l'excédent de dépenses qui résulte de l'insuffisance des crédits
additionnels votés en cours d'exercice, soit en faisant figurer dans leurs budgets des ressources de réalisation
incertaine, soit en y omettant des dépenses qu'ils savent
inévitables. Aussi, l'accumulation des restes à payer
donne rapidement lieu à des déficits budgétaires si importants qu'ils obligent quelquefois la commune à recourir
à un emprunt spécial pour arriver à se libérer d'un côté,

1. *Moniteur universel*, 13 juillet 1867. Sénat, page 931.
2. Voir notamment les circulaires du ministère de l'Intérieur,
des 1er octobre 1868, 21 mars 1883, 20 octobre 1885, 20 juillet
1888 et 16 mars 1892.

en contractant, de l'autre, une dette unique qui représentera toutes les dettes antérieures, ce qui n'est pas une solution (1).

Trop souvent aussi, les architectes et entrepreneurs communaux dépassent les crédits autorisés par les conseils municipaux et comptent que les excédents de dépenses seront ensuite facilement ratifiés parce qu'ils seront considérés comme parant aux nécessités révélées au cours de l'entreprise (2).

D'ailleurs les maires ne sont pas non plus, en ce qui concerne le mode de gérer les finances communales, à l'abri de tout reproche et, ici encore, la création d'un contrôle plus sérieux et plus efficace que celui existant actuellement nous semble désirable (3).

1. De 1872 à 1890, la moyenne des emprunts destinés à combler les insuffisances budgétaires était annuellement de 936.304 francs (*Situat. fin. des com.* 1891, page 48).

C'est ainsi que le budget supplémentaire pour 1898 déposé au conseil municipal de Marseille se soldait par 1.400.000 francs de déficit, les recettes, 17.675.527 francs, se trouvant en face de 19.075.527 francs de dépenses. Dans ces conditions, le conseil municipal a décidé d'avoir recours à un emprunt de 1.500.000 fr . amortissable en 5 ans. (*Revue municipale*, n° 57, 26 novembre 1898, page 908).

En la même année 1898, les hospices de Rennes ayant nécessité un excédent de dépenses sur les recettes de 309.607 fr. 42, le conseil municipal a décidé de contracter un emprunt de 300.000 francs dont le délai d'amortissement sera fixé à 50 années. Une proposition du maire tendant à créer 90 centièmes de centimes additionnels a été adoptée par le conseil. (*Revue municipale*, n° 26, 23 août 1898, page 700).

2 Voir un arrêt du conseil de préfecture de Lille en date du 26 juin 1897, condamnant la ville de Lille à payer la somme de 108.654 fr. 90 restant due pour travaux supplémentaires non autorisés.

3. Voir le discours de M. Petitjean, procureur général de la Cour des Comptes, prononcé dans l'audience solennelle de la rentrée de la Cour, le 3 novembre 1877, signalant l'emploi fréquent des man-

Si telles sont, aujourd'hui encore, les tendances fâcheuses des représentants des communes, il est permis de penser que quelque ironie perce sous les termes d'une circulaire récente du Ministre de l'Intérieur : « Le « législateur est convaincu que les conseillers munici- « paux ne cesseront de se montrer dignes de la confiance « qui font relâcher les liens de la tutelle de l'Etat et « qu'ils ne se départiront jamais de la prudence et de la « sagesse dont ils ont toujours donné des preuves mani- « festes depuis plus d'un demi-siècle » (1).

En résumé, le législateur déclara, en 1867 comme en 1884, que c'était dans l'intérêt des communes, prodigues et dépensières par nature, que l'Etat réservait sur elles un droit de contrôle.

Ce contrôle, que l'Etat revendique comme devant parer à tout danger, a-t-il été efficace ? Nous ne le croyons pas ; car, surtout depuis 1867, un passif communal considérable s'est rapidement formé et a augmenté dans des proportions énormes ; c'est donc que les conseillers municipaux n'ont trouvé près de l'Etat que des garanties insuffisantes, puisqu'ils ont pu engager si gravement leurs ressources futures.

L'examen des principales de ces ressources et l'étude des autorisations nécessaires pour les engager nous permettront peut-être de déterminer la part de responsabilité qui incombe aux communes et celle qui incombe à l'État

---

dats fictifs (mandats accompagnés de justifications faussement établies) et regrettant l'indulgence de l'opinion et de la loi à l'égard de telles pratiques, Leroy-Beaulieu (*Traité de la science des finances*, t. I, pages 129.130).

1. Circul. du Ministre de l'Intérieur, du 15 mai 1884.

en raison du danger résultant de l'accroissement exagéré du passif communal.

Ce sont donc les principales ressources affectées au remboursement de la dette communale que nous nous proposons d'étudier.

En effet, ce n'est peut-être pas tant le chiffre des emprunts et dettes des communes, si élevé qu'il paraisse, que l'on doit considérer, que les facilités données aux communes pour arriver à son remboursement.

Si les ressources dont nous disposons, ou dont disposeront nos successeurs, sont variées et assurées, il sera permis d'excuser dans une certaine mesure les autorités municipales, administratives et législative, qui les ont si gravement engagées.

Si non, c'est-à-dire si la prospérité de nos finances n'est point suffisante pour expliquer de telles dépenses communales, il est urgent de rechercher quel frein il est possible de mettre à ces dépenses qui sont alors de véritables prodigalités.

Mais, avant d'étudier les moyens à l'aide desquels on arrive, aujourd'hui, à faire face aux besoins qui se sont, dans la dernière moitié du siècle, révélés tout à coup dans la vie communale, il nous paraît indispensable de déterminer ces besoins eux-mêmes et de nous demander sous l'empire de quelles circonstances économiques ou politiques ils se sont fait jour.

CHAPITRE PREMIER

CAUSES GÉNÉRALES DU DÉVELOPPEMENT DE LA DETTE
COMMUNALE.

§ 1. — *Examen des documents financiers permettant
d'établir les causes de la dette communale.*

Les engagements communaux payables par annuités
proviennent de causes multiples, qui ne peuvent être
classées d'une manière absolument exacte, suivant leur
importance respective, c'est-à-dire d'après le montant des
dépenses qui en résultent, cette comparaison ne ressor-
tant pas nettement des chiffres fournis par les statistiques.
Nous possédons cependant sur ce point quelques rensei-
gnements importants.

En effet, par une circulaire du 4 janvier 1878, le Ministre de l'Intérieur a décidé qu'il serait dorénavant dressé
chaque année, un état statistique présentant pour toute
la France :

1° La population et la superficie du territoire de chaque
commune ;

2° Les ressources autres que celles provenant des centimes additionnels ;

3° Le chiffre du centime ;

4° Le nombre total des centimes ordinaires et extra-ordinaires, celui des centimes extraordinaires et les limites de ces dernières impositions ;

5° Les ressources du bureau de bienfaisance.

Grâce à cette publication, les fonctionnaires et les particuliers purent déjà se rendre compte des charges et des ressources locales, mais, au point de vue qui nous intéresse, ce travail était incomplet puisqu'il ne faisait pas ressortir le montant des dettes communales. Cette lacune a été comblée. Une circulaire en date du 6 décembre 1890 a, en effet, ordonné aux préfets d'inscrire dans la dernière colonne de leurs relevés toutes les sommes que les communes restent devoir, en capital seulement, au 31 mars de l'année précédente, sur les emprunts réalisés, ainsi que sur les engagements contractés pour payer à terme leurs acquisitions d'immeubles, leurs travaux, etc...

L'application des prescriptions de cette dernière circulaire n'était pas sans soulever de graves difficultés, car l'établissement du quantum de la dette communale proprement dite nécessitait, pour les receveurs municipaux, des opérations assez délicates.

En effet, « les emprunts communaux sont souvent « remboursables par annuités comprenant à la fois le « paiement des intérêts et l'amortissement du capital, « et les administrations préfectorales n'avaient pas de « moyen pratique pour calculer rapidement la somme « restant due en capital sur un emprunt donné ».

Une circulaire du 12 janvier 1895 leva cette difficulté, en permettant de déterminer ce capital par une simple opération arithmétique à l'aide de barèmes faisant connaître la valeur actuelle ou la valeur en capital, d'une semestrialité de 1 franc, payable pendant un certain nombre de semestres jusqu'à cent (1).

Ce travail arithmétique permet bien de connaître le quantum d'une dette, mais, ainsi conçu, il ne peut permettre de détailler les causes des dettes, leur montant en capital étant seul indiqué pour chaque commune dans les tableaux précédents.

En s'appuyant sur d'autres documents, il est cependant possible de trouver quelques chiffres permettant de découvrir approximativement, mais pourtant avec une certaine précision, les causes de ces dettes.

En exécution de l'article 80 de la loi du 10 août 1871, les maires doivent, chaque année, envoyer au préfet le relevé des emprunts et dettes de leur commune, et ces relevés doivent être présentés au conseil général, pendant sa session d'août, par la commission départementale. Ces relevés, consultés pour un certain nombre de départements, vont nous permettre les développements qui suivent.

---

1. Ces barèmes faisaient l'objet de 12 tableaux, joints à la circulaire de 1895, et correspondant aux taux auxquels les emprunts communaux ont été le plus généralement contractés. Pour l'application de ces barèmes à un emprunt quelconque, il faut d'abord se reporter à celui des tableaux qui répond au taux de l'emprunt. « On recherche ensuite dans la première colonne le nombre qui représente celui des semestrialités restant à payer, et on relève le chiffre placé en regard dans la seconde colonne. En multipliant ce chiffre par le montant de la semestrialité, on obtient le capital cherché. »

§ 2. — *Accroissement des dépenses ordinaires et extraordinaires communales.*

Tout d'abord, on peut concevoir que des événements imprévus, tels que les épidémies, les procès, les guerres, les crises de toutes sortes, obligent les communes à des dépenses dont le remboursement engage l'avenir. Il serait donc naturel de voir figurer, parmi les causes du passif communal, les frais de condamnation, les indemnités de guerre, les travaux ou les secours nécessités par des inondations, des incendies, des épidémies, etc... Or, cette source de dettes assez importante sous l'ancien régime est aujourd'hui relativement insignifiante. C'est ainsi que les emprunts causés par la dernière guerre dans les communes envahies sont aujourd'hui presque totalement remboursés puisque ceux de ces emprunts qui ont été contractés pour le temps le plus long, seront amortis dans deux ans environ.

Quant aux autres causes de dettes énumérées ci-dessus, aucune d'elles, d'une part, ne figure parmi celles des des communes du département de la Seine (1) ; d'autre part, les frais de condamnation ne sont compris que pour une somme totale de 4.367 francs (répartie entre quatre communes), dans le chiffre de 31.782.903 francs, montant des dettes existant, en 1897, à la charge des communes du département de Seine-et-Oise.

1. Voir les tableaux annexés aux mémoires et procès-verbaux des délibérations du conseil général du département de la Seine, 1re session de 1898, pages 34 et suiv.

Les causes du passif communal sont beaucoup plus permanentes. Ce sont les idées de progrès, d'extrême civilisation, si manifestes au cours du siècle dans toutes les branches de l'activité humaine, qui ont entraîné l'État, les départements et les communes à recourir au crédit, afin de donner satisfaction aux besoins de plus en plus multiples des individus. « Les dépenses voluptuaires d'autrefois sont aujourd'hui des dépenses nécessaires (1) » et c'est parallèlement à l'augmentation générale des dépenses ordinaires et extraordinaires de voirie, d'enseignement et de grands services municipaux que nous constatons, corrélativement, l'accroissement des dettes communales. Et cela est si vrai que, si nous examinons la Situation financière et matérielle des communes en 1877, nous constatons que le montant total des dépenses ordinaires et extraordinaires communales (Paris non compris) s'élève déjà à 713.630.063 francs, alors qu'en 1836, il n'était que de 117.793.130 francs. En quarante ans, le chiffre de ces dépenses communales a donc augmenté de six fois et demie environ ; en 1890, il atteignait 967.981.141 francs et dépassait un milliard en 1894 (1.042.391.584 francs) Quant aux dépenses totales de la ville de Paris qui, en 1836, montaient à 42.058.503 francs, leur chiffre était de 361.589.941 francs 32 en 1898.

D'un autre côté, les statistiques du ministère de l'Intérieur nous apprennent que de 1836 à 1891, soit en 50 ans, les dépenses ordinaires communales (Paris excepté)

---

1. Garbouleau, *Des finances de l'État, des départements et des communes, du déficit de leurs budgets, et des moyens d'y remédier*, page 25.

se sont élevées de 83.830.926 francs à 376.927.942 francs. Elles ont donc plus que quadruplé (1).

Cependant on voit par ces mêmes statistiques que la progression des dépenses extraordinaires, — c'est-à-dire des dépenses non annuelles et non permanentes, nécessitant l'établissement de recettes spéciales, accidentelles ou temporaires, — a été plus rapide encore que celle des dépenses ordinaires, puisque leur montant, fixé à 33.962.204 francs en 1836, atteignait en 1890, 591.053.199 francs, augmentant ainsi de 18 fois environ !

Ce sont ces dépenses extraordinaires, destinées à faire face aux nécessités extraordinaires de la vie communale, qui feront surtout l'objet de ce chapitre.

En effet, si nous recherchons maintenant quelle fut la progression des recettes communales pendant les différentes périodes que nous venons d'envisager, les documents financiers nous montrent que le budget ordinaire communal se solde toujours par un excédent de recettes (33.390.416 francs en 1891, 33.388.961 francs en 1897 pour les communes autres que Paris).

Le déficit n'a donc été causé que par la progression des dépenses extraordinaires communales.

Si ces dépenses, qui sont généralement de nature à créer des entreprises productives, à augmenter l'hygiène et le bien-être, à aider au développement intellectuel, sont destinées à assurer indéfiniment la même utilité aux travaux des communes, il est juste que les générations futures en supportent une partie, c'est-à-dire que le rem-

1. Les dépenses ordinaires prévues aux budgets primitifs de l'année 1897 s'élevaient à 302.271.967 fr. pour la ville de Paris et à 416.109.312 fr. pour les autres communes.

boursement des dettes ainsi contractées soit mis, pour partie, à leur charge. Mais encore faut-il que cette part ne dépasse pas toute proportion, et qu'en tous cas, l'utilité et surtout la possibilité des dépenses soient incontes·tables. Il y a donc ici une question de mesure et l'Etat doit rappeler sans cesse aux conseils locaux que l'impulsion donnée aux travaux communaux ne doit pas les laisser « désarmés devant les éventualités inconnues de l'a- « venir ».

Examinons donc rapidement les principales causes des dépenses communales extraordinaires.

A. *Travaux urbains*. — D'abord, l'examen des budgets municipaux les plus importants fait immédiatement ressortir le développement considérable, tant des travaux de voirie urbaine (création de rues nouvelles, élargissement de rues anciennes, ouverture de places) que celui des travaux nécessités par l'amélioration des conditions générales de l'existence (embellissements, canalisations pour eaux et égouts, moyens de communication, etc...). Nul chapitre budgétaire n'a autant grandi depuis un demi-siècle, et les dépenses nécessitées par ces travaux sont presque exclusivement couvertes par les recettes provenant des emprunts.

D'après le compte spécial établi en 1891 par le ministère de l'Intérieur pour toutes les villes ayant au moins 10.000 habitants (ou étant chefs-lieux de départements où quoique ne remplissant pas ces deux conditions, ayant un passif de un million) le montant de la dette des 245 villes (Paris excepté) ainsi classées à part s'élevait à

854.846.342 francs et il ne restait dû par les autres communes que 496.905.519 francs (1). Quant à la ville de Paris, on sait que les emprunts qu'elle émit en 1865, 1869, 1871, 1874, 1876, 1886 et 1892, et qui lui ont permis de réaliser exactement 1.855.775.196 francs, ont été employés presque exclusivement aux travaux d'assainissement et d'embellissement de la capitale, puisque deux cents millions seulement ont été prélevés sur cette somme pour la construction des bâtiments scolaires.

Il en est de même pour la plupart des emprunts de nos grandes villes et des agglomérations importantes. Le total des sommes empruntées par les communes du département de la Seine atteignait, en 1898, le chiffre de 32 millions (2), or, plus de la moitié de ce capital a été destinée au remboursement des dépenses de voirie urbaine, des mairies, des cimetières, des promenades et des marchés.

Parmi les causes d'augmentation des dépenses et, par suite, des charges destinées à faire face à ces dépenses, signalons d'ailleurs l'augmentation de la population des villes. En 1871, la population rurale formait les trois quarts de la France ; en 1896, elle n'en formait plus que les deux tiers. Ce fait est doublement regrettable, puisque les grandes villes voient souvent ainsi leur population indigente s'augmenter, alors que les petites communes voient diminuer d'autant leurs ressources. Les petits artisans des campagnes deviennent trop souvent, en effet,

1. *Situation financière des communes* en 1891, Introduction p. XXXIII.

2. Voir : *Mémoires et procès-verbaux du Conseil général du département de la Seine,* année 1898, page 36 et suiv.

par suite de la cherté générale des objets de première
nécessité, les non-contribuables et les indigents des villes,
alors que, dans les communes rurales, ils pouvaient
payer leur part d'impôt.

L'accroissement des dépenses communales tient également aux exigences des habitants en ce qui concerne
les travaux d'hygiène, la rapidité et la facilité des moyens
de transport, l'embellissement des places et des rues ;
d'où la nécessité de transformer les villes par voie d'acquisitions, d'expropriations, etc... Cette transformation
est, remarquons-le, plus onéreuse que ne le serait la création directe de la ville entière, création malheureusement impossible ailleurs que dans le Nouveau-Monde.

Quel a été ici le rôle de l'Etat ? Reconnaissons-le, l'Etat
n'est point ici initialement intervenu comme instigateur
de nouveaux besoins et de nouvelles dépenses. Mais il ne
faut pas oublier que la plupart des travaux que nous venons d'énumérer ont nécessité des déclarations d'utilité
publique, avant que les dépenses pussent être engagées
valablement.

Cette utilité publique, n'a-t-elle pas été trop facilement
déclarée par l'Etat? Les ressources communales n'ont-
elles pas été trop facilement trouvées par lui suffisantes,
même quand elles n'étaient dues, ce qui arrive le plus
souvent, qu'à un appel au crédit public?

Nous n'hésitons pas à répondre affirmativement. Le
pouvoir central a trop souvent suivi le désir des conseils
locaux « pressés de marquer le temps de leur administration par des travaux durables (1) », et ces travaux

1. Rapport du Président Bonjean, *Moniteur universel*, Sénat,
13 juillet 1867, page 931.

commencés tous ensemble dans la même ville, ce qui augmentait fatalement le prix de revient de la main-d'œuvre, ont absorbé rapidement des sommes énormes.

Mais c'est surtout en ce qui concerne les autorisations d'emprunts, emprunts qui ont permis cette transformation hâtive des cités, que le contrôle supérieur a été d'une bienveillance excessive, ainsi que nous le montrerons plus loin.

B. *Voirie vicinale.* — Si maintenant nous examinons les budgets communaux plus modestes, ceux des bourgs et des villages, nous constatons immédiatement une grande augmentation des dépenses de la voirie vicinale, puisque, de 1836 à 1877, ces dépenses ont quintuplé. Certes, l'intérêt général est ici manifeste ; l'industrie et l'agriculture doivent retirer du développement de notre réseau vicinal des bénéfices matériels certains. Sur bien des points cependant, ce développement a été trop rapide, trop coûteux, anticipant sur les besoins locaux et cela par la faute incontestable de l'Etat dont le rôle a été directement instigateur. L'Etat a fait de la voirie vicinale un service obligatoire ; il a imposé aux contribuables des centimes, des journées de prestation et, surtout, a encouragé à l'emprunt les conseils municipaux par l'offre dangereuse de subventions. Nous reviendrons sur ce point.

C. *Enseignement.* — Mais c'est principalement en matière d'enseignement que l'étude de tous les budgets communaux, tant urbains que ruraux, fait ressortir des

sacrifices énormes. On le sait, ces sacrifices ont surtout
été provoqués par la nouvelle législation scolaire qui a
établi d'office la gratuité de l'enseignement primaire.
Dès 1881, date de la loi, dans les plus petites agglomérations, des écoles, « souvent de véritables monuments
à côté des maisonnettes des paysans (1) », ont été cons-
truites, alors que des locaux déjà existants eussent pu
être facilement aménagés.

Bien plus, l'Etat, momentanément, il est vrai (2),(mais
les dépenses contractées par suite de cette mesure subsistent encore)a défendu indirectement la location d'immeubles. Une circulaire adressée, le 24 octobre 1882, par le
Ministre de l'Instruction publique aux préfets était ainsi
conçue : « Il ne faut pas perdre de vue qu'aux termes de
« la loi du 1er juin 1878, l'acquisition et la construction
« de locaux scolaires constituent une dépense commu-
« nale obligatoire. En principe, il convient donc de n'ap-
« peler l'Etat à ne venir en aide aux communes, pour le
« paiement des frais de location, que pendant le temps
« nécessaire à l'exécution des travaux de construction ».

D'ailleurs, souvent, plusieurs communes voisines, ne
possédant que de faibles ressources, auraient pu être
invitées à se grouper pour bâtir une école unique, ce qui
aurait diminué dans de très notables proportions les
charges de chacune d'elles.

Quoiqu'il en soit, les conséquences financières de la législation nouvelle en matière d'enseignement primaire
ont été souvent évaluées. D'après les comptes les moins
pessimistes, les constructions scolaires reviendront à plus

1. *L'Economiste français*, 6 février 1897, page 170.
2. Voir *Journal officiel*, Sénat, 17 mars 1882, page 331.

de deux milliards, les budgets supportant de ce chef 670 millions payables en 40 annuités (1).

N'oublions pas que si, depuis 1889, l'Etat prend à sa charge la plus grande partie des frais de personnel, les communes ont encore à supporter aujourd'hui, et cela à titre de dépense obligatoire, l'indemnité de résidence de ce personnel, les dépenses d'acquisition, de construction, d'entretien des bâtiments scolaires et les frais de chauffage et d'éclairage.

Les dépenses que nous venons de citer ne sont pas les seules ; il en est d'autres qui, bien que n'affectant plus le caractère obligatoire, n'en sont pas moins très réelles. Elles concernent surtout des villes d'une certaine importance qui, à l'instigation de l'Etat, ont fondé des établissements dans lesquels se donne un enseignement supérieur à l'enseignement primaire (écoles primaires supérieures, collèges, etc.). De plus, de grandes villes se sont souvent engagées à contribuer aux dépenses des établissements universitaires fondés par l'Etat.

Concluons : ce rapide exposé nous montre que le développement des charges et dettes communales doit être surtout attribué à l'amélioration des conditions de l'existence urbaine, aux tentatives de développement de l'enseignement primaire et aux entreprises relatives à la vicinalité. Mais voici près de vingt ans que ce mou-

1. Sur les 32 millions restant dus en 1898 par les communes du département de la Seine, nous avons calculé, d'après le relevé fourni au conseil général le 14 juin 1898, que plus de 10 millions ont été employés à la construction des écoles. *Recueil des procès-verbaux du conseil général de la Seine*, 1898, pages 37 et suiv.

vement a pris naissance et si les causes de dépenses se fussent maintenues toujours indentiques, telles qu'elles viennent d'être exposées, la dette communale aurait dû diminuer par l'effet des remboursements partiels et des conversions d'emprunts. Or, la dette communale ne diminue pas, elle ne reste même pas stationnaire, elle croît toujours.

De nouvelles causes sont donc venues s'ajouter, dans ces derniers temps, à celles précédemment énumérées. En effet, si nous comparons un budget communal d'il y a dix ans à un budget communal d'aujourd'hui, nous apercevons sur deux points principaux des causes d'augmentation de dépenses ordinaires et extraordinaires.

Ces causes tiennent, d'une part, à des questions d'assistance qui ne se sont soulevées que très récemment, et, d'autre part, à la participation des communes aux dépenses nécessitées par l'extension ou la création de certains services publics. Insistons sur ces deux causes car si la plupart de ces nouvelles dépenses se rangent parmi celles du budget ordinaire, elles ont cependant pour résultat de diminuer l'excédent des recettes de ce même budget, excédent qui, nous le verrons, doit être affecté au remboursement des dépenses extraordinaires communales.

D. *Assistance communale.* — Déjà, en matière d'assistance, les communes devaient, depuis la loi du 5 mai 1869, payer une part contributive, réglée chaque année par le conseil général, dans les dépenses des enfants assistés (1).Elles supportaient depuis plus longtemps encore (Loi du 30 juin 1838, art. 28) une partie des dépenses nécessitées par l'entretien des aliénés qui ont chez elles leur domicile de secours. Bien que les charges imposées par ces lois soient toujours croissantes (2), la loi du 24 juillet 1889 sur les enfants moralement abandonnés, a fait peser de nouvelles dépenses sur les départements et les communes (3), et, depuis la loi du 15 juillet 1893, les idées d'assistance s'élargissant encore, les communes sont obligées de secourir les indigents malades (4). En la seule année de 1896, ce nouveau service a fait accroître de 38.489 centimes le total général des centimes ordinaires communaux et, pour bien montrer la situation faite par la loi de 1893 aux communes, au point de vue

1. Avis du Conseil d'Etat, 30 mars 1880 : « Toutes les commu- « nes du département doivent, en principe, être appelées à con- « courir à ces dépenses, et le conseil général ne peut dispenser de « la contribution que les communes dont les ressources seraient « insuffisantes ».

2. En 1893, M. Lesouëf disait devant le Sénat : « Autrefois, il y « avait 17.000 aliénés ; au dernier recensement il y en avait 56.000. « Les enfants assistés sont également au nombre de 56.000 » (*Journal officiel*. Sénat, 13 mars 1893, p. 278).

3. « Dans les départements où le conseil général se sera engagé « à assimiler, pour la dépense, les enfants faisant l'objet des deux « titres de la présente loi aux enfants assistés, la subvention de « l'Etat sera portée au 1/5 des dépenses tant extérieures qu'inté- « rieures des deux services, et le contingent des communes cons- « tituera pour celles-ci une dépense obligatoire conformément à « l'article 136 de la loi du 5 avril 1884 » (Loi du 24 juillet 1889, art. 25).

4. « Tout Français malade, privé de ressources, recevra gratuite- « ment de la commune, du département ou de l'Etat, suivant son « domicile de secours, l'assistance médicale à domicile ou, s'il y a « impossibilité de le soigner utilement à domicile, dans un établis- « sement hospitalier » (Loi du 15 juillet 1893, art. 1er).

des nouvelles dépenses obligatoires, nous empruntons quelques chiffres au rapport de M. Henri Monod, Directeur de l'Assistance et de l'Hygiène publiques, au ministère de l'Intérieur (1).

« En 1896. — 1° le nombre des assistés soignés, dans le « service de l'assistance à domicile, a été de 419.091, en « augmentation de 72.212 par rapport à celui de 1895. — « Les dépenses ont passé de 3.422.821 francs 60 centimes « à 4.626.631 francs 58 centimes ; elles se sont donc ac- « crues de 1.203.809 francs 98 centimes ; 2° Le nombre « absolu des malades soignés dans les hôpitaux de ratta- « chement qui était de 12.995 en 1895, s'est élevé à 19.050 « en 1896. — Le total général des dépenses d'hospitali- « sation a passé de 997.674 francs à 1.465.702 francs.

« En 1896, les dépenses totales se sont élevées à « 6.414.071 francs, soit une augmentation de près de « 2 millions sur les dépenses de l'année précédente. La « part des communes dans cette dépense est la plus con- « sidérable. Elle atteint 43,7 p. 100.

« La contribution des départements et de l'État s'é- « lève à 37 p. 100 et celle des bureaux de bienfaisance « à 13,8 p. 100. — La part des fondations et ressources « spéciales à l'assistance médicale n'est que de 4,4 p. 100 « et la contribution des établissements hospitaliers est « de 0,5 p. 100 ».

Nous pouvons montrer également les abus auxquels a déjà donné lieu la loi de 1893.

« Là où les bureaux de bienfaisance sont riches, pres- « que toutes les familles, même les plus aisées, sont se- « courues.

1. Henri Monod, Rapport de 1897.

« Dans une contrée qui n'est nullement pauvre, la Côte-
« d'Or, il y avait, par exemple, dans la commune de Pa-
« gny, d'après l'enquête officielle, 340 pauvres secourus
« sur 675 habitants ; dans la commune de Rottier (Drôme)
« il se trouvait 140 inscrits au bureau de bienfaisance sur
« 200 habitants, dans celle de Clermont (Meuse), ce qui
« paraît un comble, 1.142 pauvres sur 1.498 habitants.
« Une autre enquête signale des faits du même genre ;
« voici deux communes du même département, —
« l'Ariège, — l'une, Argen, avait 150 pauvres inscrits
« sur 184 habitants ; l'autre, Ignaux, n'en avait pas un
« seul, quoique son bureau eût 215 francs de revenu.
« Dans le Nord Saint-Waast comptait 411 inscrits sur
« 696 âmes et Tilloy 200 sur 350. Dans le Pas-de-Ca-
« lais, le bureau de bienfaisance de Rocquigny secourait
« 610 personnes sur 960 habitants, celui de Velez, 260
« sur 357 habitants, celui de Lorgies, 293 sur 416 âmes.
« Dans l'Eure, Saint-Germain des-Angles secourt 55 ha-
« bitants sur 83 ; cela vient de ce que le bureau de cette
« petite commune dispose de 5.610 francs de revenu.
« Mais le plus bel exemple de ces abus, fournis par les
« enquêtes officielles est celui de la commune d'Oisy
« (Pas-de-Calais) dont le bureau de bienfaisance pos-
« sédait 2.362 francs de revenu qu'il répartissait entre
« tous les habitants sauf quatre, soit à 256 personnes
« sur 260 que contenait la commune (1). »

Ces dépenses sont déjà lourdes pour les communes, et
il est loin d'être certain que les dépenses obligatoires,

1. *L'Economiste français,* 3 août 1895, page 138.

motivées par les nouvelles théories sur l'assistance, se borneront à celles actuellement établies.

En effet, une loi récente (1) que nous nous bornerons, pour l'instant, à signaler, presse les conseils municipaux d'organiser des caisses de retraites pour les vieillards et les infirmes en exigeant des communes une large participation (2).

De leur côté, certaines villes, il faut bien le reconnaître, ne se contentent pas de payer les sommes que l'État met, à titre obligatoire, à leur charge.

Elles s'engagent personnellement dans des dépenses qui ne sont cependant pour elles que facultatives. Des hospices et des hôpitaux dont le confortable confine au luxe, prennent la place des anciennes maisons de secours. (3).

Enfin, nous allons voir que, dans un nombre de plus en plus important de villes et sous l'influence de certaines théories socialistes, les conseils municipaux créent ou subventionnent des institutions locales destinées à la classe ouvrière.

E. *Extension des attributions communales.* — Disons quelques mots des nouvelles dépenses causées par l'extension ou la création des services publics commu-

1. Loi de finances du 29 mars 1897, article 43.

2. Dans sa séance du 27 décembre 1898, le conseil municipal de Paris décida que, par application de l'article 43 de la loi du 21 mars 1897, une somme de 595,440 francs serait inscrite au budget ordinaire de la ville, l'État ne devant participer à cette nouvelle dépense que pour 5.954 francs 40 centimes.

3. Voir une discussion du conseil municipal de Paris du 13 juin 1879, Procès-verbaux de 1879, page 716.

naux, car ce n'est pas seulement en matière d'assistance
qu'on voit le régime démocratique « contribuer au déve-
« loppement des besoins collectifs et habituer à deman-
« der de plus en plus à l'autorité publique » (1).

Dans ces derniers temps, en effet, on a essayé de comprendre parmi les services d'utilité communale, des entreprises destinées à satisfaire plutôt les intérêts privés
des habitants.

On sait que déjà, dans les agglomérations importantes, les fournitures d'eau, de gaz, de lumière électrique,
l'exploitation des tramways, des chemins de fer, forment,
au profit des communes, une sorte de domaine industriel.
Ordinairement, l'exploitation de ces services est confiée
à des compagnies ou à des particuliers concessionnaires
qui, après l'exécution des travaux d'établissement, sont
rémunérés par la perception temporaire de redevances
ou de péages.

Cela posé, ne serait-il pas plus avantageux pour la
commune de remplacer le régime de la concession par
celui de l'exploitation directe, sorte de régie communale ?
A l'étranger, les villes exploitent souvent elles-mêmes ces
services, mais, en France, la jurisprudence du Conseil
d'Etat semble. vouloir restreindre au seul service des
eaux, le droit d'exploitation directe par les communes.

C'est contre cette obligation des communes, d'avoir
recours au régime des concessions pour mettre en exploitation les grands services communaux autres que
celui des eaux, que s'élèvent d'abord certaines municipalités, surtout les municipalités socialistes. Bien plus,

1. Paul-Dubois, *op. cit.*, page 128.

elles veulent, non seulement exploiter directement les services publics déjà existants (fournitures d'eau, entreprises de transports, d'éclairage, etc.), mais encore créer de nouveaux services qu'elles considèrent comme communaux. En conséquence, elles désirent organiser des services publics de chauffage, d'assurances, fonder des établissements gratuits d'hygiène (bains publics, pharmacies) et même des sociétés coopératives de consommation, enfin, louer des habitations économiques aux ouvriers.

Remarquons tout d'abord que la municipalisation de ces divers services augmenterait considérablement, dès le début, les charges communales, immédiatement grossies par suite de la nécessité de payer les traitements de fournisseurs-fonctionnaires. Or, ainsi que le dit M. Paul-Dubois (1) : « Une ville qui a peu de dettes et « des impôts légers peut se permettre certains luxes « qui seraient interdits à d'autres ».

Nous avons vu qu'une telle ville est rare en France, et ce sont des communes déjà obérées qui tenteraient les opérations commerciales ou industrielles dont nous venons de parler, alors que le caractère aléatoire de ces opérations est évident. La concurrence privée serait-elle, d'autre part, obligée de disparaître? Ce n'est pas certain et nous pensons que de telles expériences ne devraient pas être tentées avec les deniers des contribuables.

Néanmoins, le Congrès socialiste tenu l'année dernière (2) a pris une délibération de principe réclamant cette municipalisation générale. On y fit ressortir que

1. Paul-Dubois, *op. cit.*, page 108.
2. Congrès tenu à Montluçon les 17, 18 et 19 septembre 1898.

Farge   4

déjà,à l'étranger, des municipalités (Glascow, Bruxelles, Birmingham, Southampton, Fribourg et quelques villes suisses) pouvaient être propriétaires de maisons louées aux contribuables moyennant des prix peu élevés (1), et qu'un certain nombre de villes américaines (Sprinfield, Denver, Detroit, Lynn, Auburn, etc.) possèdent des stations centrales pour le chauffage, à bon marché, des habitations par la vapeur.

Les partisans de cette formidable extension des services communaux sont persuadés que les communes « non sans quelques déboires au début » s'habitueraient bientôt à marcher seules. Nous craignons que ces déboires ne rendent l'expérience bien périlleuse pour les communes, car elles joueraient un rôle dangereux de « providence universelle », en attendant que l'État veuille bien jouer le sien.

Nous nous attacherons, pour le démontrer, à la municipalisation la plus séduisante, celle des assurances. C'est « afin de trouver des ressources complémentaires « et d'arriver ainsi à mieux doter certains services muni- « cipaux, notamment celui de l'assistance » que l'on cherche à municipaliser les assurances contre les accidents, le chômage et la vieillesse,et l'on désire,en agissant ainsi, imiter l'exemple de l'Allemagne et de la Suisse.

1. « La corporation d'Aberdeen (Ecosse) vient de construire un « hôtel garni municipal, se composant d'un rez-de-chaussée et de « trois étages. Il renferme 252 chambres, une infirmerie, une salle « de lecture, plusieurs salles de récréation, une bibliothèque et une « salle des fêtes qui s'ouvre tous les samedis. Les frais de con- « struction se sont élevés à 400.000 francs. Le prix d'une chambre « est de 6,5 ou 4 pence par nuit, selon l'étage. » (*Revue munici- pale*, n° 73, 18 mars 1899, page 1156).

C'est ainsi que le conseil municipal de Bruxelles fut sollicité quatorze fois d'organiser des assurances municipales contre l'incendie, notamment en 1855, en 1885 et en 1897 et une proposition détaillée fut faite en ce sens au conseil municipal de Paris dans le courant de l'année 1898.

Les programmes de certains conseillers municipaux proposent, tantôt de rendre les assurances générales auprès des municipalités et même obligatoires pour les contribuables (1), tantôt de créer seulement des offices municipaux d'assurance qui fonctionneraient, à titre de concurrents, à côté des compagnies existantes.

C'est cette création qui fut réclamée par M. Adrien Véber, rapporteur de la proposition soumise au conseil municipal de Paris (2). Ce conseiller désirait voir installer un service d'assurances analogue aux autres services communaux. mais il avouait que, s'il ne demandait point que l'assurance fût obligatoire et généralisée, c'était « tout en réservant l'avenir et même pour mieux le préparer ». Le rapporteur essayait, d'autre part, d'établir qu'en l'état actuel de la législation, cette tentative n'avait rien d'illicite, « qu'aucune considération de léga
« lité ne peut être invoquée contre l'établissement d'un
« service municipal d'assurances, pas même la fameuse
« défense faite aux communes d'exercer un commerce »
et que, « bien qu'elle soit devenue une matière exploita
« ble et très exploitée, l'assurance, par sa nature, n'est
« pas une affaire » (3).

1. Comme en Prusse, en Saxe et dans les cantons suisses de Fribourg, Berne. Neufchâtel et Lucerne.
2. Rapport de M. Adrien Véber, 8 mars 1898, p. 3.
3. La jurisprudence et les auteurs ont depuis longtemps décidé

Naturellement, dans le projet que nous analysons, afin de combattre la concurrence des sociétés particulières, des tarifs plus réduits, des assurances pour des risques mobiliers de faible valeur, des polices moins chicanières, seraient réservées aux contribuables. Mais les villes réaliseraient-elles alors les grands bénéfices des compagnies existantes ? La négative est certaine puisque les communes exploiteraient précisément de façon à anéantir ces bénéfices. Les compagnies privées ne sont pas toutes florissantes, d'ailleurs : c'est ainsi qu'en 1896, deux compagnies françaises d'assurances contre l'incendie eurent un excédent de dépenses, l'une de onze mille francs, l'autre de plus de cent quarante mille francs (1).

On avoue bien que les premières recettes à provenir des assurances municipales « ne seront pas copieuses », et qu'il est difficile de fixer le rapport exact de l'opération avant une dizaine d'années. Que deviendront alors les finances communales, pendant ce délai, en cas de sinistres importants, d'autant plus rudes à supporter que les villes seront moins peuplées et auront des ressources générales moins considérables ?

cependant, que les assurances à primes fixes, sont faites dans un but de spéculation et constituent, du moins en ce qui concerne l'assureur, des actes commerciaux : Rouen, 24 mai 1825 (*P. chr.*) ; Paris, 23 juin 1825 (S. et *P. chr.*); Grenoble, 19 juillet 1830 (S. 31. 2. 89) ; Caen, 12 mai 1846 (P. 47. 2. 340, D. 47. 2. 138) ; Lyon, 17 juin 1885 (*Mon. Lyon*, 2 janv. 1886) ; Lyon-Caen et Renault, t. I, n° 116 ; Bravard-Veyrières et Demangeat, t. VI p. 392. Cette solution s'applique même lorsqu'il s'agit d'assurances sur la vie : Paris, 12 février 1857 (S. 57. 2. 186 ; P. 57. 564 ; D. 57. 2. 134); Rennes, 26 juillet 1884 (S. 86. 2. 201 ; P. 86. 1. 1074).

1. Compagnies « L'Union générale du Nord » et la « Clémentine » (Voir tableaux annexés au rapport présenté par M. Véber au conseil municipal de Paris le 8 mars 1898, page 22).

N'oublions pas, en terminant, que, pour les compagnies privées les plus solidement établies, les risques
sont infiniment variables. Des chiffres officiels ont été,
précisément à l'occasion d'un projet de création d'une
semblable assurance communale, fournis au conseil municipal de Bruxelles, le 22 novembre 1897, par M. l'éche-
vin de Mot : « En 1892, les compagnies d'assurances
« ont payé, à Bruxelles, des sinistres jusqu'à concur-
« rence de 552.000 francs ; en 1893, jusqu'à concurrence
« de 322.000 francs ; de 775,000 francs en 1894 et de
« 600.000 francs en 1895. Il y a donc eu d'une année à
« l'autre un écart qui s'est élevé jusqu'à 300.000 francs.
« Comment l'équilibre budgétaire d'une commune pour-
« rait-il être garanti, si elle avait à supporter des char-
« ges aussi considérables (1) » ?

Si, maintenant, laissant de côté le côté pécuniaire de
ces sortes d'expériences, nous recherchons si, à un point
de vue plus général, celles-ci, en admettant même
qu'elles réussissent, devraient être encouragées, nous
trouvons de nombreux arguments pour les combattre :
« Laisser les villes empiéter sur le domaine propre de
« l'initiative privée, et les conseils municipaux venir
« fausser le libre jeu de la concurrence dans le commerce
« général, serait une faute au point de vue social...
« Tenons-nous-en à cette règle pratique que la commune
« doit s'abstenir partout où l'initiative privée est ca-
« pable ; c'est la limite que nous voudrions voir s'impo-

1. *Revue de l'administration belge*, 1898, 4e livraison, page 176.

« ser d'une main ferme, en France, à l'ambition toujours
« croissante de certaines assemblées délibérantes dans
« nos grandes villes » (1).

Après avoir énuméré les causes principales des dépenses communales déjà engagées et après avoir indiqué les nouvelles charges que semblent nous réserver les tendances nouvelles des municipalités, abordons maintenant le sujet même de notre étude.

Nous avons relevé dans notre introduction que, malgré l'accroissement général des dépenses locales, les budgets ordinaires communaux se soldaient, encore aujourd'hui, par un excédent de recettes et, qu'ainsi, le passif des communes provenait de leurs seules dépenses extraordinaires.

Le chiffre si considérable de ce passif nous oblige à rechercher si les ressources futures des budgets locaux permettaient d'engager l'avenir dans de telles proportions.

Quelles sont donc, à l'heure actuelle, les principales ressources qui assurent le paiement des dépenses extraordinaires communales, et, en particulier, du déficit de trois milliards et demi que ces dépenses ont occasionné.

A propos de chacune de ces ressources, nous nous demanderons quelles règles auraient dû prohiber leur

---

1. Paul Dubois, *op. cit.*, pages 108 et 109.

emploi dans ce qu'il a d'excessif, et comment, malgré l'intervention modératrice du pouvoir central, intervention que l'exposé des motifs des lois de 1867 et de 1884 permettaient de croire suffisante, ces recettes ont pu être de plus en plus facilement escomptées.

Après avoir reconnu l'inefficacité évidente du contrôle des autorités centrales, nous rechercherons s'il ne serait pas possible de créer un frein suffisamment puissant pour arrêter le développement des dettes communales et empêcher les municipalités de commettre de nouvelles fautes.

CHAPITRE II

SECTION I

Notions sur les emprunts et sur les engagements communaux payables par annuités.

Dans une étude des ressources servant à rembourser les dépenses extraordinaires communales, il semble que les règles relatives à l'emprunt sont à examiner tout d'abord, les relevés des dettes communales présentant toujours en première ligne les sommes acquises grâce à cet instrument financier.

Cependant, nous ne les examinerons que brièvement et en dernier lieu. On peut dire, en effet, bien qu'aucune définition n'ait été ici donnée par le législateur, que les emprunts communaux sont des contrats par lesquels les communes se procurent un capital qu'elles restitueront, en une fois ou par fractions, avec ou sans intérêts. Il est donc permis de conclure immédiatement que l'emprunt ne constitue pas une recette spéciale proprement dite, mais bien plutôt un moyen de dépense permettant aux communes de réaliser sur-le-champ, au moins pour partie, les recettes des budgets futurs qui lui serviront de gage.

En somme, bien que l'emprunt soit compris parmi les recettes du budget extraordinaire communal énumérées par l'article 134 de la loi de 1884, ce sont les mêmes recettes extraordinaires communales qui servent à rembourser les emprunts et les autres dettes occasionnées soit par des travaux communaux moins considérables et ne nécessitant pas des frais importants de premier établissement, soit par des acquisitions d'immeubles payables à long terme (1).

1. C'est ce que démontrent les relevés des dettes communales où l'on voit figurer non seulement le montant des emprunts communaux, mais aussi le capital des dettes autres que les emprunts, c'est-à-dire résultant des engagements pris par les communes pour le paiement par annuités de leurs acquisitions et de leurs travaux.

D'après un rapport présenté à l'Empereur le 20 mars 1865, le total des 341.977.309 francs 75 cent. dus en 1862 par les 37.505 communes de l'Empire (Paris non compris) se décomposait ainsi :

Montant des emprunts..............	259.045.303 fr. 17
Montant des autres dettes...........	82.932.006 57
Total.....	341.977.309 fr. 74

Pour Paris, sa dette se décomposait comme suit :

Montant des emprunts..............	246.874.000 fr. »
Montant des autres dettes...........	95.686.273 06
Total.....	342.560.273 fr. 06

Le relevé des emprunts et dettes des communes établi au 13 mars 1877 (Paris excepté) montre que les sommes restant à rembourser s'élevaient quant aux emprunts à 691.884.160 francs et, quant aux autres dettes, à 65.593.623 francs.

Pour la capitale, le montant des dettes autres que les emprunts était à la même époque de 413.846.023 francs. Il n'était en 1898 que de 80.549.285 francs 69 centimes.

Depuis quelques années le total des dettes communales autres que les emprunts n'est plus mis à part dans l'établissement du

D'ailleurs, une distinction précise n'est pas toujours facile à établir en fait entre ces deux natures de sources de dettes, emprunts, et dettes autres que ceux-ci, bien que ces sources soient bien distinctes en apparence, puisque c'est l'emprunt seul qui permet aux communes de réaliser immédiatement un capital remboursable.

Il arrive souvent que, lorsque les communes insèrent dans leurs contrats concernant des travaux publics ou des acquisitions une clause portant que les dépenses en seront acquittées qu'à terme, avec ou sans intérêts, leur seul but est d'éviter les nombreuses formalités exigées par la loi en matière d'emprunts. Le Ministre de l'Intérieur, la Cour des Comptes, le Conseil d'Etat et la Cour de Cassation ont souvent dévoilé les divers stratagèmes usités par les conseils municipaux qui s'ingénient à trouver des combinaisons financières que l'on a désignées sous le nom d'emprunts indirects.

C'est ainsi que, dans une espèce soumise en 1865 au Conseil d'Etat, on voit apparaître très nettement une semblable combinaison. Par suite du concours des plus imposés dont le vote était nécessaire à cette époque en matière d'emprunts communaux, d'après la loi du 18 juillet 1837, la majorité des conseillers municipaux de la commune de Beaumont-en-Véron (Indre-et-Loire) et des plus imposés de cette commune avait repoussé un projet

---

total général de la dette communale établi par les statistiques annuelles du ministère de l'Intérieur. Cependant, d'après les tableaux fournis en 1898 aux conseils généraux de la Seine et de Seine-et-Oise, nous avons pu calculer que le chiffre des dettes autres que les emprunts s'élève pour les communes du département de la Seine à 2.489.957 fr. 76, et pour celles de Seine-et-Oise à environ un million.

d'emprunt destiné à faire face aux dépenses de restauration d'une église. Les conseillers municipaux qui, eux, voulaient que ce travail fût effectué, avaient cru pouvoir se passer, peu après, de la nécessité de l'adjonction des plus imposés en décidant que les dépenses seraient payées à l'entrepreneur par annuités avec intérêts, à partir de la réception des travaux ; le préfet approuva leur délibération, mais son arrêté fut attaqué devant le Conseil d'État pour excès de pouvoir.

Par son arrêt du 14 août 1865 (1), le Conseil d'État décida qu'en présence des faits qui avaient marqué le début de l'affaire, la combinaison du conseil municipal de Beaumont-Véron constituait un emprunt déguisé et qu'en l'approuvant, le préfet avait violé les dispositions précitées de la loi de 1837 et excédé ses pouvoirs. Il est évident ici que l'intention du conseil municipal de violer les dispositions protectrices de la loi et d'éluder l'adjonction des plus imposés et les diverses autorisations dont il devait être muni, ne pouvait être mise en doute.

Ce n'est pas à dire que chaque fois que semblable mesure sera prise par un conseil municipal, celui-ci veuille faire fraude à la loi : il peut arriver que les conseillers estiment préférable d'agir ainsi sans qu'il y ait de leur part volonté de tourner les règles relatives aux emprunts.

L'espèce suivante s'est présentée : la ville de Draguignan demanda elle-même, en 1867, au tribunal civil l'annulation d'une acquisition, payable par annuités, qu'elle avait consentie. Elle prétendait que le délai de sept annuités qu'elle avait ainsi stipulé, transformait, par lui seul,

1. D. P. 66. 3. 26.

cette acquisition en un véritable emprunt, et que, dès lors, elle aurait dû obtenir les autorisations nécessaires en cette matière. — Le tribunal de Draguignan décida qu'il n'y avait pas d'emprunt en l'espèce, et par arrêt en date du 13 décembre 1869, la Cour d'Aix repoussa l'appel que la ville de Draguignan avait interjeté devant elle. — La Cour de Cassation (1) rejeta le pourvoi formé contre cet arrêt, en décidant que si l'arrêt précité du Conseil d'Etat du 14 août 1865 avait considéré qu'un engagement de paiement par annuités pouvait n'être qu'un emprunt déguisé, « ce n'était pas seulement à cause de « la stipulation du paiement par annuités, mais aussi à « raison d'autres circonstances qui révélaient la fraude « et démasquaient complètement le vrai caractère de l'o- « pération ». La Cour de Cassation concluait en ces termes : « Il n'y a donc ici, en définitive, qu'une question « de fait et, dès lors, en décidant que l'acquisition faite « par la ville de Draguignan ne constituait pas un emprunt, la Cour d'Aix n'a fait qu'user de son pouvoir sou- « verain d'appréciation, sans violer aucune loi ».

Nous partageons cette opinion ; nous pensons que les tribunaux ont pleine compétence pour apprécier, en chaque espèce, suivant les circonstances, si les contrats communaux ne cachent point au fond un emprunt, et s'il y a, par suite, lieu ou non, d'appliquer la règle *fraus omnia corrumpit.*

Les circulaires du ministère de l'Intérieur ont voulu cependant distinguer *a priori* entre les opérations consenties par les communes pour en déterminer le carac-

1. Req. 17 janvier 1872, D. P. 72. 1. 13.

tère juridique. Une circulaire du 11 mai 1864, rappelée
par des circulaires du 3 août 1867 et 15 mai 1884, renferme en effet les dispositions suivantes : « Désormais,
« quand les communes soumettront aux préfets des pro-
« jets d'acquisitions ou de traités avec des entrepreneurs,
« devant engager les ressources de leurs budgets au
« delà d'une durée de 6 ans, ils auront soin d'adresser
« au Ministre de l'Intérieur le dossier de l'affaire régu-
« lièrement instruite comme en matière d'emprunt. Il
« sera statué ensuite, s'il y a lieu, par un décret ou par
« une loi, selon que les revenus ordinaires de la com-
« mune s'élèveront ou non à plus de 100,000 francs ».

Certes, cette distinction que le Ministre de l'Intérieur
établit d'après la seule durée des emprunts communaux
serait d'une application facile pour les tribunaux et les
autorités administratives. Mais nous ne la considérons
comme obligatoire que vis-à-vis des administrations préfectorales et municipales auxquelles les circulaires ministérielles sont adressées. Ces circulaires ne peuvent être
opposées aux tiers en l'absence de toute loi conforme.
Ainsi que l'a dit M. l'avocat général Reverchon, dans ses
conclusions relatives au pourvoi de la ville de Draguignan, visé ci-dessus, « l'inobservation de cette prescrip-
« tion purement administrative ne peut évidemment, à
« elle seule, déterminer la nature de l'acte et en altérer la
« validité ». D'ailleurs, ce délai de 6 ans est fixé par les
instructions ministérielles d'une manière absolument arbitraire. Il est évident qu'une dépense remboursable en
cinq années peut être bien plus onéreuse qu'une dépense
remboursable en sept ans, par exemple. Ce n'est donc pas
la durée du remboursement qui, dans tous les cas, devrait

servir de critérium pour la distinction à établir entre ce qui est permis et ce qui est défendu, entre ce qui est, ou non, un emprunt.

Puisque actuellement aucun texte de loi n'existe pour fixer le délai au delà duquel un remboursement doit être assimilé à un emprunt, nous devrions, en bonne logique, ou bien déclarer pleinement valables tous les engagements communaux en tant que ne constituant jamais des emprunts, ou bien, au contraire, les déclarer tous nuls, en tant que constituant des emprunts déguisés, dès que leur remboursement excéde la durée de l'exercice.

Allons plus loin : demandons-nous où mène cette absence de réglementation en ce qui concerne les engagements communaux payables par annuités. Sous le second Empire, la ville de Paris, n'ayant pas de fonds disponibles pour acquitter les dépenses nécessitées par les grands travaux de voirie qu'elle fît exécuter de 1855 à 1868, délivra à ses entrepreneurs, sans formalités préalables, sans observation des règles relatives aux emprunts, des bons de délégation négociables et payables en 6, 8 et 10 ans à la caisse municipale, que l'on espérait remplir grâce aux excédents des futurs budgets.

En 1867, à la suite d'escomptes et réescomptes des banquiers, le Crédit Foncier se trouva porteur de la plus grande partie de ces bons de délégation, (exactement pour une somme de 398.440.040. fr 24 cent).

Par délibération du conseil municipal, en date du 2 décembre 1867, la Ville, dont la situation n'était pas plus prospère qu'en 1855, demanda alors au Crédit Foncier de porter de 10 à 60 ans le délai de remboursement de ces bons de délégation ; mais le caractère du traité qu'elle devait alors conclure nécessitait l'intervention législative. Elle se trouvait d'ailleurs dans la nécessité d'emprunter une somme supérieure à celle due au Crédit Foncier.

En 1869 (1), la discussion soulevée au Parlement lors de la demande d'approbation du traité projeté entre la Ville et le Crédit Foncier fut très vive (2).

Bien que sa conclusion fût que « c'était de la meilleure « foi du monde que les bons de délégation avaient été « souscrits et étendus à plusieurs années », la théorie que développa le ministre d'État n'excusait qu'en partie le conseil municipal de Paris : «..... Je dis, que pour « les conseils municipaux, pour ces êtres collectifs qui « représentent à la fois l'exécution, la délibération et le « contrôle, la faculté de gestion et d'administration ne « se limite pas à la disposition des revenus annuels, à la « gestion de l'exercice présent ; il est permis d'avoir des « horizons plus larges, des visées plus lointaines, tout « en demeurant limitées, mais il leur est permis d'utili- « ser dans une certaine mesure les excédents disponibles « de leurs revenus (3). Ah ! si vous disposez des revenus

1. *Moniteur universel*, 22, 23, 24, 25 et 26 février et 2, 3, 4, 5 et 6 mars 1869.

2. Déjà, lors de la discussion, à la Chambre des Députés, de l'article 17, de la loi du 24 juillet 1867 portant que les dispositions de cette loi sont applicables à la ville de Paris, deux séances furent consacrées à l'examen de l'illégalité commise par la ville par suite de la création des bons de délégation. Voir *Moniteur universel*, 11 et 12 février 1867.

3. Thiers professait une opinion contraire : « Savez-vous ce que « sont les emprunts, ce qu'ils ont été à l'origine, ce qu'ils seront « toujours ? Tout simplement des délégations sur le revenu futur. « Qu'est-ce qu'un emprunt ? C'est l'abandon des revenus qu'on n'a « pas encore pu toucher..... Lorsque les États n'ont pas de crédit,

« pour un nombre d'années plus ou moins prolongé, si
« vous engagez les générations à venir au profit exclusif
« de la génération présente, vous ne faites plus un acte
« d'administration, vous faites un acte de disposition, un
« acte qui a le caractère d'un emprunt, qui préparerait
« un emprunt ou qui le réaliserait, et alors l'intervention
« de l'autorité supérieure deviendrait nécessaire. Cette
« délimitation entre ces deux terrains contigus qu'on
« appelle l'administration et le droit de disposition, cette
« délimitation, tout le monde l'a tentée, le Conseil d'Etat,
« la Cour des Comptes et les circulaires ministérielles ;
« et on est arrivé à borner le droit de disposition à l'enga-
« gement des revenus pendant un temps de six années ;

« savez-vous ce qu'ils font ? ils engagent leurs revenus..... Tout
« emprunt n'est donc jamais qu'une délégation de revenus, ce
« n'est pas autre chose ».

Dans le même sens, Jules Favre, reprit une thèse déjà développée
par Picard : « Tout d'abord, M. le Commissaire du Gouvernement
« a posé en thèse que quiconque ne recevait pas d'avances d'argent
« ne devait pas être considéré comme un emprunteur, et il a pris
« l'exemple d'un propriétaire qui charge un entrepreneur de lui
« construire un hôtel et qu'il ne paye point. Suivant la théorie légale
« de M. le Commissaire du Gouvernement, ce propriétaire n'est pas
« un emprunteur, et l'entrepreneur n'est point un prêteur.

« J'en demande mille pardons à M. le Commissaire du Gouver-
« nement, mais c'est exactement le contraire qui est rigoureuse-
« ment vrai. Quelle que soit la valeur que j'avance, je la prête ;
« quelle que soit la valeur que je reçoive, par cela seul que je la
« reçois, à la condition de la rendre, je suis un emprunteur. Il est
« donc clair que dans l'exemple que choisissait M. le Commis-
« saire du Gouvernement, et qui s'applique très exactement à la
« situation de la ville de Paris, il y a un véritable emprunt. Lors-
« que je fais construire et que je ne paye pas, je suis débiteur du
« prix de la construction, et par cela seul que je suis débiteur du
« prix de la construction, je suis exactement placé dans la situa-
« tion où je serais si j'avais emprunté la somme représentant cette
« construction ». *Moniteur universel*, 11 avril 1867, page 437.

« mais au fond, c'est presque toujours une question de
« mesure et d'espèce, et c'est ce que j'avais l'honneur
« de vous dire à l'une des séances de la session de 1867.
« Eh bien ! messieurs, les faits se sont accomplis ; les
« charges résultant des traités se sont réalisées ; par
« l'accomplissement des expropriations et par la fixation
« des indemnités, on a atteint la somme considérable
« de 465 millions. Je n'hésite pas à le confesser, on a dé-
« passé le droit d'administration, on a atteint le droit
« de disposition, et votre autorisation préalable était
« nécessaire. »

Le Corps Législatif reconnut, après de longs débats,
que la seule conséquence à tirer de la discussion, « c'était
« qu'en droit on avait commis une erreur, et qu'il ne
« fallait pas la renouveler, mais qu'aller au delà de cet
« avertissement, ce serait dépasser les bornes de la
« sévérité ». (1)

Thiers n'approuvait pas cette indulgence : « Comment
« pouvez-vous dire que nous sommes libres, disait-il,
« puisqu'on peut dépenser 465 millions à côté de nous,
« à nos yeux mêmes, sans que nous ayons rien à en con-
« naître ? » (2)

Si, dirons-nous également, de telles erreurs de droit,
se chiffrant par des centaines de millions, peuvent être
commises par les conseils municipaux, il est permis de
conclure qu'il y a certainement sur ce point insuffisance
de réglementation (3).

1. Rapport de la commission du Sénat, rédigé par le procureur
général Delangle, Dalloz, 1869, 4e partie, page 33, note 1.
2. *Moniteur universel*, 23 février 1869, page 200.
3. Cependant un avis du Conseil d'Etat, en date du 16 novembre

Les lois communales de 1837, 1867 et 1884 ont disposé, peut-être arbitrairement, que les emprunts et les
impositions extraordinaires dépassant une certaine durée
ou une certaine quotité nécessitaient une autorisation.
Nous préférerions, pour toute dette communale, cet arbitraire à l'absence de règle, puisque cette absence oblige
les administrateurs, ou à établir eux-mêmes, sans qu'ils
en aient vraiment le droit, un critérium, ou à fermer
les yeux sur les abus que permet le silence de la loi (1).

Nous venons de voir que le Ministre d'Etat signalait
ce fait que différentes autorités ne purent fixer la limite
entre les actes d'administration et les actes de disposition par lesquels sont engagées les dépenses communales. C'est au législateur d'établir cette limite d'une manière précise, de telle sorte que cette fixation, qui doit
être son œuvre, sera opposable à tous. Nous n'hésitons
pas à décider que, étant donnés des faits aussi graves
que ceux qui se sont révélés à propos de l'affaire des bons
de délégation, le législateur est en faute de ne pas avoir
déjà procédé à une semblable réglementation. Si, en

1831, oblige les communes qui veulent créer des bons au porteur
pour l'acquittement de leurs dettes, à demander les autorisations
nécessaires en matière d'emprunts.

1. C'est ainsi qu'en 1872, par suite des dépenses urgentes nécessitées par la réparation des bâtiments et édifices communaux
dévastés par la guerre, et par suite de la réduction considérable
des revenus de l'année 1871, le total des dettes communales s'éleva
pour le seul département de la Seine à 2.319.729 fr. 26 cent.
tandis que le chiffre des emprunts ne lui était supérieur que de
600.000 fr. A l'heure actuelle, la commune de Suresnes supporte à
titre d'emprunt la somme de 94.000 fr et, à titre de dette, une
somme égale. Les dettes de la commune de Clichy, autres que les
emprunts s'élèvent à 614.017 fr. 58 et le montant des emprunts ne
lui est supérieur que des 2/5, soit exactement 1.099.099 fr. 03. Les

effet, il réglemente les emprunts proprement dits, et s'il laisse d'autre part s'établir des pratiques qui produisent ce résultat de tourner les règlements qu'il édicte, il manque à ses devoirs par cela même qu'il n'atteint pas le but qu'il se propose, et il est par suite moralement responsable des augmentations exagérées qui, à un moment donné, peuvent se produire dans les charges des communes.

Quoi qu'il en soit, à l'heure actuelle, lorsque les communes se trouvent en présence de travaux importants payables par annuités, elles ne les acquittent forcément que grâce aux recettes destinées au paiement des dépenses extraordinaires. Pour réaliser les sommes qui leur sont nécessaires, tantôt elles empruntent en donnant comme gage leurs recettes futures, tantôt elles se contentent d'affecter ces recettes au remboursement des engagements à terme qu'elles contractent. Dans les deux cas, ce sont les mêmes recettes qui serviront à libérer les communes. Ainsi que nous l'avons dit dans l'exposé de notre travail, ce sont ces recettes que nous nous proposons d'étudier.

Nous envisagerons tout d'abord celles qui servent au remboursement de toute dépense extraordinaire ; nous examinerons ensuite rapidement les règles spécialement établies en cas d'emprunt, règles qui ont permis d'engager les finances communales dans des proportions si considérables.

dettes de la commune de Vigny (Seine-et-Oise) sont de 113.000 fr. et cette commune ne compte que 628 habitants.

SECTION II.

Excédents des recettes ordinaires.

Lorsque des acquisitions ou des travaux importants mettent les conseils municipaux dans la nécessité de contracter des dettes payables par annuités, avant de créer, pour leur remboursement, des recettes extraordinaires, les règles les plus élémentaires d'une bonne gestion exigent que les fonds libres provenant des recettes communales déjà existantes soient, tout d'abord, employées à ce remboursement.

L'article 135 de la loi de 1884 établit en conséquence que « les dépenses du budget extraordinaire compren-
« nent les dépenses accidentelles ou temporaires qui sont
« imputées sur les recettes extraordinaires, *ou sur l'ex-*
« *cédent des recettes ordinaires.* »

De leur côté, les actes d'autorisation d'emprunts, émanant, suivant les cas, des autorités administratives ou législatives, indiquent le plus souvent qu'en premier lieu l'excédent des recettes ordinaires communales servira au remboursement de ces emprunts (1). Afin que les ressources ordinaires affectées à l'amortissement du capital emprunté ne soient pas employées à un usage autre que cet

1. Cependant les lois d'autorisation des emprunts de la ville de Paris, exception faite pour l'emprunt de 1892 et celui de 1894, ne spécialisent pas les ressources qui doivent assurer le service de la dette municipale qui est donc remboursée au moyen des ressources générales du budget.

amortissement, une circulaire du 21 octobre 1840 ordonne aux administrations locales « s'il s'agit de rem-
« bourser l'emprunt au moyen d'un excédent annuel de
« recettes, d'avoir soin de faire figurer dans le budget
« de chaque exercice au chapitre des dépenses extraor-
« dinaires, outre le montant des intérêts décroissants,
« la somme affectée à l'amortissement du capital divisé
« en autant d'annuités que le comportent les termes de
« l'emprunt ».

Pour les villes comme pour les particuliers, l'idéal serait
de ne commencer toutes dépenses extraordinaires remboursables à terme, qu'après s'être assuré que chaque annuité sera facilement remboursée grâce aux disponibilités
que fourniront les recettes ordinaires des années futures.

Mais les villes, qui survivent à leurs habitants, sont
souvent forcées de sortir d'une réserve dont sortent d'ailleurs souvent les particuliers eux-mêmes.

Il ne faut pas oublier que la spécialité des chapitres
budgétaires exige que les ressources ordinaires soient
tout d'abord appliquées aux dépenses de même nature.
Le surplus seul peut être réparti par les conseils municipaux entre les dépenses extraordinaires auxquelles aucune recette extraordinaire n'est affectée (1). Or, par

---

1. Remarquons qu'au cas contraire, celui d'insuffisance de ressources ordinaires pour faire face aux dépenses ordinaires communales, les conseils municipaux ne peuvent affecter à l'acquittement de ces dernières que l'excédent de ressources ordinaires laissé
disponible après l'acquittement de leurs dépenses obligatoires. Ils
ne peuvent voter des impositions extraordinaires à l'effet de
réserver cet excédent et devront recourir à un procédé spécial
d'imposition, celui des centimes pour insuffisance de revenus, centimes qui se rangent parmi les recettes ordinaires communales.

suite de l'accroissement ininterrompu des dépenses ordinaires communales que nous avons constaté dans notre introduction, ces recettes disponibles sont trop rares et, en tous cas, trop minimes pour servir au remboursement des dépenses nécessitées par des travaux importants.

L'Etat a d'ailleurs tablé lui-même trop souvent sur ce fait qu'il y aurait des excédents de recettes communales, et il a, par suite, obligé indirectement les communes à leur donner une affectation spéciale. En effet, les subventions qui leur furent accordées par des lois successives en matière d'enseignement, de voirie et d'assistance n'ont été réparties qu'entre les communes qui employaient à ces services tout l'excédent de leurs ressources ordinaires.

Bien que l'emploi de ressources ordinaires soit à première vue recommandable, nous devons signaler les critiques adressées à ce mode de remboursement des dépenses extraordinaires communales.

Tout d'abord, il n'est souvent guère possible de prévoir, plusieurs années à l'avance, les chiffres exacts d'excédents toujours plus ou moins problématiques ; or, la plus légère erreur, la moindre déconvenue dans les évaluations de recettes font immédiatement tomber tous les calculs. Seuls, les produits de l'octroi des grandes villes assurent en fait des excédents réguliers, mais, on le conçoit, ceux-ci ne sont possibles que pour un nombre de communes très restreint et nous verrons qu'ils sont aujourd'hui très gravement menacés.

D'autres reproches ont été formulés au sujet de cette affectation des ressources communales. Elle détourne les recettes ordinaires de leur but qui est de pourvoir au paiement des dépenses courantes, d'entretien ou d'exploitation. L'augmentation annuelle des recettes ordinaires correspond toujours à une augmentation équivalente des dépenses de même nature ; par suite, remarque-t-on, avec raison suivant nous, l'emploi des recettes ordinaires à des dépenses extraordinaires ne laisse plus de fonds disponibles pour les besoins nouveaux et normaux des communes. (1)

Enfin, ainsi que nous le verrons en étudiant les emprunts, des auteurs font ressortir qu'il est injuste de faire supporter par les seules ressources ordinaires de la génération présente les charges résultant de grands travaux dont les générations futures devront profiter autant que nous. Si le remboursement de ces dettes est en effet à court terme, (c'est-à-dire de 10 ou 20 ans), nos descendants ne paieront rien, alors que le plus net de l'excédent des revenus ordinaires des générations présentes aura été employé. Telle n'est pas l'utilité que doivent procurer les recettes ordinaires puisqu'en règle générale la loi les destine au remboursement des dépenses annuelles et permanentes.

Mais ces auteurs doivent se rassurer, car ces injustices ne peuvent être commises que dans les communes riches, et les communes les plus nombreuses ont au contraire des revenus insuffisants. Nous ne nous arrêterons

1. Voir les discussions au conseil municipal de Paris sur un projet de traité avec le Crédit Foncier pour le rémboursement des sommes ayant fait l'objet des conventions des 8 novembre 1867 et 18 juillet 1868 (Séances des 10, 12, 13, 17 et 20 juin 1879). *Procès-verbaux*, t. I, pages 700 et suiv.

donc pas à discuter les objections que nous venons de présenter qui ne seraient graves que si l'emploi des ressources ordinaires aux dépenses extraordinaires était généralisé.

Le rapport annexé à la Situation financière des communes en 1891 faisait déjà remarquer que cet emploi devenait de plus en plus rare. L'excédent de 34 millions qui ressort de la situation de 1896 (34,556.788 francs) ne provient que des recettes de quelques villes, telles que Roubaix, Tourcoing, Douai, Valenciennes, qui donnent 90 0/0 du chiffre de cet excédent.

Dans la plupart des autres communes, l'équilibre des recettes et des dépenses communales n'est en effet assuré qu'avec peine par l'emploi des centimes pour insuffisance de revenus (1). Ces centimes (2) destinés à suppléer à l'in-

---

1. En 1883, déjà 24.000 communes avaient recours à ces centimes. *Journal officiel*, Sénat, 16 mars 1884, page 374.

2. « La question la plus délicate en cette matière, lit-on cependant « dans Dalloz, est celle de savoir à quelles dépenses les recettes ordi- « naires doivent pourvoir pour que les contribuables puissent soute- « nir que ces recettes ne sont pas insuffisantes. Cette question qui « avait soulevé d'assez sérieuses difficultés sous l'empire de la loi « de 1837, à raison de l'absence de distinctions légales entre les « dépenses ordinaires et les dépenses extraordinaires, n'a pas été « tranchée par l'article 135 de la loi de 1884, qui dispose que les « dépenses du budget ordinaire comprennent les dépenses annuelles « et permanentes d'utilité communale, mais qui ne définit pas ces « dépenses. On peut à cet égard suivre sous la législation actuelle « les solutions antérieurement consacrées par la jurisprudence. Il « était admis que, pour apprécier l'insuffisance des ressources ordi- « naires, il fallait avant tout vérifier si les ressources pouvaient suf- « fire aux dépenses rangées comme dépenses ordinaires dans la pre- « mière partie des cadres imprimés des budgets communaux ». (31 août 1863, 28 avril et 11 août 1869. Conseil d'Etat, 12 février 1867. Nîmes, D. P. 76. 3. 5, note 3). Mais il y a lieu également de tenir compte, pour apprécier l'insuffisance des revenus ordinaires,

suffisance des ressources ordinaires de la commune et autorisés par arrêté préfectoral ou par décret, suivant qu'ils sont destinés à faire face à des dépenses obligatoires ou facultatives, ont augmenté d'une façon inquiétante. De 9 millions, en 1836, les recettes provenant des centimes pour insuffisance de revenus, étaient de 35 millions en 1877 (1). En 1891, sur une prévision de 408.318.958 francs, non compris Paris, le produit de ces centimes s'élevait à 55.511.287 francs ; leur proportion moyenne sur l'ensemble des revenus communaux était alors de 1/8.

Enfin, d'après les budgets primitifs de 1897, le produit des centimes pour insuffisance de revenus était de 99.718.039 francs, en augmentation de 2.566.472 francs sur le produit de 1896 (2).

Les chiffres montrent suffisamment que les communes n'emploient que bien rarement leurs ressources ordinaires à l'acquittement de leurs dépenses extraordinaires.

Nous pouvons donc passer rapidement sur les règles qui doivent être suivies quand il s'agit pour une commune d'obtenir l'autorisation d'engager les futures recettes ordinaires de ses budgets.

Du rapprochement des articles 68 et 41 de la loi de 1884, il résulte qu'aujourd'hui les conseils municipaux peuvent sans autorisation engager leurs revenus ordinaires pendant un délai n'excédant pas 30 années.

En effet, l'article 68, § 3, décide que l'approbation de

de celles des dépenses extraordinaires qui ont un caractère obligatoire (Aucoc, D. P. 70. 3. 71. Conseil d'Etat). D. P. 76. 3. 5 ; D. P. 84. 3. 123). »

1. M. Acollas, *op. cit.*, page 148.

2. Statistique de 1897. Introduction, page VI.

l'autorité supérieure n'est nécessaire que pour les délibérations portant « sur les acquisitions d'immeubles, les
« constructions nouvelles, les reconstructions entières
« ou partielles, les projets, plans et devis de grosses ré-
« parations et d'entretien, quand la dépense totalisée
« avec les dépenses de même nature pendant l'exercice
« courant dépasse les limites des ressources ordinaires
« et extraordinaires que les communes peuvent se créer
« sans autorisation spéciale ».

Ces limites sont fixées par l'article 141 qui, à l'occasion
des emprunts, établit que « les conseils municipaux vo-
« tent et règlent les emprunts communaux remboursa-
« bles sur les centimes extraordinaires votés comme il
« vient d'être dit au premier paragraphe du présent ar-
« ticle, ou sur les ressources ordinaires quand l'amor-
« tissement, en ce dernier cas, ne dépasse pas 30 ans ».

Au delà de ce délai, l'autorisation préfectorale devient
nécessaire (art. 142).

Ce pouvoir d'engager pendant trente ans les recettes
ordinaires communales, sans qu'il y ait lieu d'obtenir
au préalable l'autorisation du préfet, paraît-être à première vue une des plus considérables attributions que la
loi nouvelle confère aux municipalités, puisque, d'après la
loi antérieure du 24 juillet 1867, les conseils municipaux
ne pouvaient engager les ressources ordinaires de la
de commune pour une durée supérieure à 12 années.

Nous avons dit que l'insuffisance générale des revenus
ordinaires communaux ne permettait guère en fait aux
conseils locaux d'exercer ces nouvelles attributions, en
telle sorte que les prudentes recommandations qu'une circulaire du 24 octobre 1840 rappelait aux préfets paraî-

tront aujourd'hui bien inutiles : « En bonne règle, les ad-
« ministrations locales ne doivent songer à entreprendre
« des acquisitions d'immeubles, des constructions et re-
« constructions d'édifices, d'ouvertures de rues que
« lorsqu'elles ont des ressources assurées..... ». Il suit
de là que « vous devez vous abstenir d'autoriser aucune
« acquisition d'immeuble ou entreprise de travaux de
« construction, bien que la dépense reste, par son chiffre,
« dans les limites de votre compétence, lorsque cette dé-
« pense ne peut être payée qu'au moyen d'une imposi-
« tion extraordinaire».

D'ailleurs, un arrêté du 4 thermidor an X, article 9,
avait précédemment décidé que « les améliorations et
« embellissements des villes ne pouvaient avoir lieu que
« sur les excédents de recettes ». Comme le faisait remarquer le président Bonjean en 1867, « sous ce ré-
« gime, les villes s'embellissaient moins promptement,
« mais la population n'avait pas à supporter tant de centimes extraordinaires et d'octroi ». (1)

Passons donc maintenant à l'examen de ces deux dernières ressources et voyons si les plaintes du président
Bonjean étaient, ou non, exagérées.

1. *Moniteur universel*, Sénat, 13 juillet 1867, page 936.

SECTION III

Centimes extraordinaires.

§ *1.* — *De l'importance respective des recettes extraordinaires communales.*

Nous abordons ici l'étude des ressources non annuelles et non permanentes spécialement affectées à l'acquittement des dépenses extraordinaires, c'est-à-dire des ressources qui font l'objet principal de notre travail.

Aux termes de l'article 134 de la loi de 1884, les recettes des budgets extraordinaires communaux se composent actuellement :

1° Des contributions extraordinaires dûment autorisées ;

2° Du prix des biens aliénés ;

3° Des dons et legs ;

4° Du remboursement des capitaux exigibles et des rentes rachetées ;

5° Du produit des coupes extraordinaires de bois ;

6° Du produit des emprunts ;

7° Du produit des taxes et des surtaxes d'octroi spécialement affectées à des dépenses extraordinaires et à des remboursements d'emprunts ;

8° De toutes autres recettes accidentelles.

Toutes les recettes qui viennent d'être énumérées sont loin d'avoir, en fait, une importance égale.

Le but, moins théorique que pratique, de notre étude nous oblige à passer sous silence les recettes extraordinaires tout à fait exceptionnellement employées et d'un revenu tellement minime qu'il n'y a pas lieu, après les avoir mentionnées, d'y insister autrement.

Ces recettes sont celles comprises sous les n°s 2, 3, 4 et 5 de l'article 134 ; elles proviennent, en effet, d'actes qui ne sauraient se multiplier indéfiniment : il faut que la commune possède des immeubles et des rentes pour qu'elle les vende, il lui faut des bois pour qu'elle les coupe, il lui faut des donateurs pour qu'elle ait à encaisser le produit des libéralités.

Or, en 1877, les aliénations d'immeubles communaux ne représentaient qu'une somme de 7.728.671 francs et les aliénations de rentes, 2 013.759 francs. En cette même année, les dons et legs ne se sont élevés qu'à 3.256.019 francs (1). Quant au produit des coupes extraordinaires de bois, il est confondu par les statistiques avec celui des coupes ordinaires dans un total de 31.403.407 francs.

Cela dit, passons à l'étude des ressources visées par le paragraphe 1er de l'article 134 de la loi de 1884, c'est-à-dire des centimes extraordinaires communaux.

§ 2. — *Définition des centimes communaux.*

Les centimes additionnels communaux sont tous, on

---

1. « Ne figurent pas dans ce chiffre les dons et legs charitables « qui, alors même qu'ils sont acceptés par les communes, ne figu- « rent pas dans leurs comptes et sont encaissés par les hospices ou « par les bureaux de bienfaisance » (Extrait de la préface de la *Situation financière des communes en 1877*, page XVIII).

le sait, des surtaxes proportionnelles établies sur certains impôts directs de l'Etat (1), chaque centime venant s'ajouter à chaque franc du principal de ces impôts.

Centimes ordinaires. — Parmi les centimes communaux on distingue d'abord les centimes ordinaires. — Nous avons incidemment parlé de certains centimes, dits centimes pour insuffisance de revenus, qui sont permis aux communes manquant de fonds disponibles pour équilibrer leur budget ordinaire. Ces impositions rentrent dans une catégorie plus générale de centimes, celle des centimes ordinaires communaux, destinée à subvenir aux dépenses ordinaires des services généraux ou particuliers des communes.

Ces centimes ordinaires sont :

1° 5 centimes additionnels au principal de l'impôt foncier et de l'impôt mobilier (art. 31 de la loi du 15 mai 1818).

2° 5 centimes additionnels aux quatre contributions directes pour l'entretien des chemins vicinaux (loi du 21 mai 1836, art. 2).

3° des centimes dont le maximum n'est pas limité, pour le traitement des gardes champêtres (jusqu'à la loi du 19 juillet 1889, 4 centimes communaux existaient pour l'instruction primaire, mais cette loi les a transformés en centimes généraux).

Centimes extraordinaires. — Outre ces centimes ordinaires, et en cas d'insuffisance des recettes ordinaires, les conseils municipaux peuvent voter des centimes extraordinaires destinés à pourvoir exclusivement aux dé-

1. Les centimes additionnels perçus par l'Etat ou les localités ne s'appliquent pas à la contribution personnelle.

penses extraordinaires communales. Ce sont ces surtaxes qui viennent s'ajouter aux quatre contributions directes que nous devons spécialement envisager.

§ 3. — *Avantages et inconvénients des centimes en France.*

Si, en France, les centimes ne constituent pas, en fait, la principale ressource des communes, ils sont, du moins, comme en Prusse et en Italie, le principe de l'organisation fiscale communale.

Grâce à ce procédé d'imposition tout spécial, les communes profitent de l'organisation fiscale de l'Etat et peuvent, à l'avance, fixer le nombre exact des surtaxes qui leur seront nécessaires en se basant sur la valeur de leur centime. (1)

Malgré cet avantage incontestable, le procédé des centimes peut offrir des inconvénients qui ont été souvent relevés. « Pour que le mécanisme de ce procédé con-
« serve son élasticité, il est nécessaire que le principal
« de l'impôt à surcharger soit maintenu dans des limites
« restreintes et que les communes aient devant elles une
« marge de surimposition suffisante » (2).

Cette « marge de surimposition » est bien nécessaire puisque les droits perçus et pour l'Etat et pour les communes frappent ici les mêmes contribuables, alors que,

---

1. Nous entendons ainsi par valeur du centime communal, suivant une expression consacrée, le quotient obtenu en divisant le produit total des centimes communaux par leur nombre.

2. M. Paul Dubois, *op. cit.*, page 248.

cependant, bien des dépenses communales ne devraient être réparties qu'entre ceux qui en profitent réellement, et ces derniers ne sont pas toujours ceux qui profitent des dépenses générales de l'Etat.

D'autre part, l'Etat ne peut forcément saisir que les formes générales de la richesse, tandis que les circonscriptions plus restreintes peuvent présenter, chacune, des sources de richesses distinctes.

Or, chacun sait le lourd accroissement du produit de nos contributions directes, accroissement qui ressort nettement du tableau suivant :

Produit des impôts directs en 1884 et en 1899.

	1884	1899	Différence
	Millions	Millions	Millions
Propriétés non bâties......	118,6	100,6 (1)	— 18
Propriétés bâties..........	57,7	84	+ 26,3
Personnelle-mobilière......	65,4	95,3	+ 29,9
Portes et fenêtres..........	45,1	61,2	+ 16,1
Patentes	98,4	129,8	+ 31,4

Le principal de nos impôts généraux est donc déjà excessif et cependant toujours croissant. Est-il, du moins, équitablement établi ?

Les défauts de notre organisation fiscale et les inégali-

1. En 1897, le Parlement reconnut lui-même combien les charges qu'il avait précédemment établies sur la propriété non bâtie, étaient abusives, et dégreva les terres d'une somme de 25 millions (Loi de finances du 21 juillet 1897).

tés qui en résultent sont connus de tous : de nombreuses critiques ont depuis longtemps montré les vices du système suivi pour l'impôt foncier des terres et la contribution mobilière, par suite du procédé de répartition régionale et individuelle qui aboutit à des inégalités choquantes de charges entre les contribuables des différentes circonscriptions administratives et entre les contribuables d'une même commune. Aussi, bien que leurs inconvénients ne soient pas, chez nous, aussi grands qu'en Italie où les centimes fournissent plus d'un tiers des impositions et frappent uniquement l'impôt foncier, on peut conclure que les surcharges locales exagérées ont pour résultat d'accentuer ces défauts et ces inégalités de nos impôts généraux, « faisant perdre ainsi au procédé même des « centimes, les qualités d'élasticité qui le recomman- « dent d'autre part » (1).

Enfin, si, en France, l'Etat taxe par des impôts multi-

1. M. P. Leroy-Beaulieu avait déjà dit : « Le système du maintien « des évaluations anciennes servant de base à l'impôt foncier ne « pourrait se soutenir que si les centimes additionnels ou les sur- « taxes locales ne venaient pas s'ajouter chaque jour à la partie de « l'impôt payée pour l'Etat. Supposez deux hommes de même force « que l'on ait voulu charger également, mais auxquels on aurait « imposé par erreur à l'un, un poids de 10 kilos et à l'autre un poids « de 20 kilos. On pourrait dire : « Laissez-les comme ils sont, n'y « touchez pas, ils sont habitués à cette charge et ils en ont déjà « pris leur parti ». Mais si, entre temps, on ajoute à cette surcharge « des surcharges qui soient directement proportionnelles à la charge « qu'ils supportent déjà, qu'on les augmente par exemple de 50 0/0, « l'un portera 15 kilos et l'autre 30 ; si l'on continue toujours ainsi, « il est clair que ce dernier finira par plier sous le faix ; on aurait « pu invoquer l'habitude si on se contentait de laisser subsister « l'inégalité primitive, et si on ne l'aggravait pas à chaque ins- « tant ». Leroy-Beaulieu, *Traité de la science des finances*, t. I, pages 322, 323.

<table>
<tr><td>Farge</td><td>6</td></tr>
</table>

ples la fortune privée sous toutes ses formes, il n'en est pas de même en ce qui concerne les centimes communaux qui ne s'ajoutent qu'aux impôts directs d'Etat. C'est ainsi qu'en l'absence d'un impôt global sur le revenu, les revenus mobiliers, les revenus viagers, les traitements et les salaires, le produit des capitaux placés en valeur, ne sont pas atteints par les centimes et qu'à situation égale, le rentier supporte moins de charges locales que le propriétaire foncier.

Le tableau ci-après (page 83) permettra de s'en rendre compte.

« La comparaison de ces divers chiffres peut donner lieu à des appréciations variées, mais aboutissant toutes cependant à cette constatation que les charges locales ne frappent pas la fortune mobilière dans la même proportion que la fortune immobilière.

« Mettons les choses dans les conditions les plus favorables pour la fortune mobilière, c'est-à-dire accordons que ceux-là seuls, entre lesquels elle est répartie, se trouvent assujettis à la contribution personnelle mobilière.

« Nous voyons que, s'il en était réellement ainsi, les détenteurs de la fortune mobilière, jouissant d'un revenu de 3 milliards 300 millions, ne supporteraient que 73.052.476. fr. 26 centimes de charges locales directes tandis que les contribuables dont l'avoir consisterait en propriétés bâties ou non bâties, en supporteraient ensemble 130.006.114 fr. 12 + 73.801.088. fr. 30 = 203.807.202 fr. 42 pour un revenu abloté de quatre miliards six cents millions seulement.

« Prenons une autre hypothèse et admettons que les trois catégories de la fortune privée, propriétés non bâ-

Désignation (1)	Valeur en capital.	Revenu net.	Produit des centimes additionnels de 1896		
			Départementaux.	Communaux.	Total.
	Milliards	Millions			
Propriétés non bâties......	92	2,600	67,380,724 fr. 02	62,625,390 fr. 10	130,006,114 fr. 12
Proprétés bâties..........	46	2,000	36,111,810 25	37,689,278 05	73,804,888 30
Rentes et valeurs mobilières.	80	2,300	»	»	»
Contribution personnelle mobilière..............	»	»	37,536,911 45	35,515,564 81	73,052,476 26
Totaux........	218	6,900	141,029,445 fr. 72	135,830,232 fr. 96	276,859,678 fr. 68 (2)

1. Remarquer que ce tableau ne comprend pas les centimes additionnels aux contributions des portes et fenêtres et des patentes.

2. Ce tableau est extrait de la *Revue municipale*, n° 61, 24 décembre 1898.

ties, propriétés bâties, propriétés mobilières, participent également, soit pour 1/3 chacune, à la réalisation de centimes additionnels de la contribution personnelle mobilière. Il en ressortirait que :

« A. — La propriété mobilière supporterait seulement, en charges locales :

$$\frac{72.052.476 \text{ fr. } 26}{3} = 24.350.825 \text{ fr. } 42 \ ;$$

« B. — La propriété non bâtie supporterait :

1° Ses centimes propres se portant à . . . . 130.006.114 fr. 12

2° Le tiers des centimes de la personnelle mobilière . . . . 24.350.825 fr. 42

En tout. . . . . 154.356.939 fr. 54

« C. — La propriété bâtie supporterait :

1° Ses centimes propres se portant à   23.801.088 fr. 30

2° Le tiers des centimes de la personnelle mobilière . . . . 24.350.825 fr. 42

En tout. . . . 98.151.913 fr. 72

« Il est bon de rappeler, au moins pour mémoire, que les centimes départementaux et communaux de la contribution des portes et fenêtres se montent à 34.004.300 fr. 64 centimes.

« Ainsi sur un total de revenus nets de 6 milliards 900 millions, la propriété mobilière, qui en représente le tiers, devrait supporter un tiers de l'ensemble des charges locales, soit :

$$\frac{276.859.678 \text{ fr. } 68}{3} = 92.286.559 \text{ fr. } 56 \ ;$$

et elle en supporte seulement, dans la

première hypothèse. . . . .   73.052.476. fr. 26

soit en moins :. . . .   19.234.083 fr. 30

et dans la seconde hypothèse . . .   24.350.825 fr. 42

soit en moins :. . . .   67.935.734 fr. 14

« De toute façon, la propriété mobilière est donc avantagée sur la propriété immobilière au point de vue de la part que chacun devrait avoir dans les charges locales.

« La nécessité de remédier à une aussi criante inégalité ne saurait faire doute » (1).

Pour toutes les raisons que nous venons d'indiquer il importe donc que les municipalités soient mises en garde contre les excès que le procédé facile des centimes additionnels rend possibles en France. Voyons si des abus n'existent pas déjà en matière de centimes extraordinaires communaux et si ces centimes pourraient être accrus sans danger afin de pourvoir au remboursement de la dette communale (2), en reprenant tout d'abord la question dans ses origines historiques.

§ 4. — *Pouvoirs des autorités locales.*

On sait que sous l'empire de la loi du 28 pluviôse an VIII toutes les délibérations des conseils municipaux étaient

1. *Revue municipale*, n. 61, 24 décembre 1898.
1. Faisons remarquer dès à présent qu'en 1896, les centimes départementaux grevaient déjà le principal de la contribution foncière et de la contribution personnelle mobilière d'une somme de 179.237.193 francs 13 centimes.

soumises à l'approbation préalable de l'autorité supérieure, sans distinction de la nature et de l'importance
des affaires.

Outre cette protection étroite et générale, les limites
des impositions extraordinaires étaient singulièrement
moins étendues qu'aujourd'hui. En effet, les lois annuelles de finances du Consulat et de l'Empire (21 ventôse
an IX, 13 floréal an X, etc...) décidaient que le maximum des centimes additionnels ne devait pas excéder 5.

Grâce à cette préoccupation de modérer les dépenses
et, par suite, les charges des contribuables, les dépenses
extraordinaires communales ne s'élevaient en 1836 qu'à
32.962.204 francs et le produit des centimes extraordinaires imposés pour les couvrir à 4.690.558 francs. Dans
ces limites, il y avait une juste proportion entre l'idée
qu'on se faisait des centimes extraordinaires et les charges des contribuables.

Si la loi du 18 juillet 1837 augmentait les droits des
conseils municipaux, cette loi laissait soumise à la nécessité d'une approbation préalable les actes de nature à
engager les ressources futures de la commune ou à altérer
son patrimoine et quant aux contributions extraordinaires, l'article 40 de la loi décide : « Les délibérations du
conseil municipal concernant toute contribution extraordinaire destinée à subvenir aux dépenses obligatoires ne
sont exécutoires qu'en vertu d'un arrêté du préfet s'il s'a-
git d'une commune ayant moins de 100.000 francs de
revenus, et d'une ordonnance du Roi s'il s'agit d'une
commune ayant un revenu supérieur.

« Dans le cas où la contribution extraordinaire aurait
pour but de subvenir à d'autres dépenses que les dépen-

ses obligatoires, elle ne pourra être autorisée que par ordonnance du Roi, s'il s'agit d'une commune ayant moins
de 100.000 francs de revenus, et par une loi s'il s'agit
d'une commune ayant un revenu supérieur. »

En outre, et cette remarque est, à notre point de
vue, très importante, d'après l'article 42 de cette loi, les
contribuables les plus imposés, en nombre égal à celui
des conseillers municipaux en exercice, devaient être
adjoints à ces derniers dans les communes dont les revenus étaient inférieurs à 100.000 francs de revenus.

Enfin, toutes les impositions extraordinaires qui pouvaient être autorisées selon les règles que nous venons
de reproduire ne devaient pas excéder le chiffre qui était
annuellement fixé par la loi de finances, ou par une loi
spéciale (art. 39 de la loi de 1837) et c'est à 10 centimes
que jusqu'en 1866 les lois de finances arrêtèrent ce
maximum.

Outre les règles générales de décentralisation établies
par la loi du 24 juillet 1867, des innovations importantes
furent introduites par cette loi en notre matière, innovations qui subsistent encore aujourd'hui.

Ce n'est plus au pouvoir législatif, mais aux conseils
généraux qu'est laissé le soin de fixer pour toutes les
communes le maximum des centimes extraordinaires
communaux jusqu'à concurrence de celui fixé par l'article
4 de la loi du 18 juillet 1866. C'est à 20 centimes que cette
dernière loi avait arrêté ce maximum que nous avons vu
fixé au chiffre de 5, puis de 10 centimes additionnels.

D'après l'article 3 de la loi de 1867, les conseils municipaux peuvent, comme aujourd'hui, voter, sans autorisa-

tion, dans la limite de ce maximum, 5 centimes additionnels
pour une période de 5 ans. Mais, en cas de désaccord entre le maire et le conseil municipal, l'approbation préfectorale devenait nécessaire ; cette garantie n'existe plus.

(Outre ces centimes généraux, les conseils municipaux
pouvaient voter 3 centimes extraordinaires exclusivement affectés aux chemins vicinaux).

D'après l'article 5, l'approbation du préfet est nécessaire pour les contributions extraordinaires dépassant
5 centimes sans excéder le maximum fixé par le conseil
général, lorsque ces centimes sont votés pour une période de 12 années ou pour une durée moindre.

Un décret impérial autorise toute contribution extraordinaire dépassant le maximum, et le décret doit être
rendu en Conseil d'Etat s'il s'agit d'une commune ayant
un revenu supérieur à 100.000 francs.

D'ailleurs, toujours d'après la loi de 1867, qui n'est
plus en vigueur sur ce point, l'article 42 de la loi de
1837 sur l'adjonction des plus imposés était applicable
aux contributions extraordinaires votées par les conseils
municipaux en exécution des articles 3 et 5.

Le président Bonjean, rapporteur de la loi de 1867 au
Sénat, faisait déjà ressortir l'importance des attributions
qu'allaient recevoir les conseils généraux en matière
de contributions extraordinaires communales et les dangers que ces attributions nouvelles faisaient courir aux
finances locales. Après avoir signalé tout d'abord les inconvénients qu'offre en cette matière le principe nouveau d'après lequel le pouvoir d'approuver les centimes
d'une durée de 12 années, appartient au préfet, « au
préfet obligé à bien des ménagements, à bien des con-

cessions et qui, s'il est depuis longtemps dans le départe-
tement en aura plus ou moins épousé les passions et
qui s'il n'y est que nouvellement installé, n'en connaîtra
ni les besoins ni les ressources, » (1) ; le rapporteur
ajoutait : « Ce sont là assurément de graves innovations. S'il plaisait aux conseils généraux d'adopter le
maximum de 20 centimes, il faut reconnaître que la plupart des emprunts et des impôts extraordinaires échap-
peraient à tout contrôle ou n'auraient à subir que le
contrôle des préfets dont nous avons déjà signalé les
causes de faiblesse.

« N'est-il pas à craindre qu'avec les facilités si grandes qu'offre la loi nouvelle, les taxes et les dettes communales, dont ce rapport a déjà signalé l'énorme accroissement, ne prennent à l'avenir, un essor plus rapide
encore, créant ainsi pour des éventualités qu'il n'est pas
interdit de prévoir, de sérieux embarras pour la situation
financière du pays.

« N'est-ce pas une nouveauté considérable que d'associer les conseils généraux, par la fixation d'un maximum,
à l'exercice du droit de surveillance et de contrôle qui
avait toujours été considéré jusqu'ici comme l'un des at-
tributs essentiels des pouvoirs législatif et exécutif ?

« Si ces considérations ne sont pas suffisantes pour

1. D'ailleurs la loi du 24 juillet 1867 n'abrogeait pas l'article 40
de la loi du 18 juillet 1837 qui autorisait le préfet à approuver toutes
les impositions pour dépenses obligatoires, quelle que fût leur quotité et quelle que fût leur durée, dans les communes dont les revenus étaient inférieurs à 100.000 francs. Dans ce cas, le préfet
pouvait dépasser le maximum fixé par le conseil général. Ce pouvoir du préfet n'existe plus depuis la loi de 1884 qui ne reproduit
plus cette règle et abroge la loi de 1837.

soumettre le projet à un nouvel examen, au moins doivent-elles appeler sur cette partie de la loi la sérieuse attention de ceux qui doivent en diriger l'éxécution » (1).

Aussi, la circulaire du Ministre de l'Intérieur du 3 août 1867 recommanda aux préfets de n'atteindre le nouveau maximum qu'après de délicates appréciations portant sur la richesse du département, le nombre des centimes ordinaires ou extraordinaires inscrits à son budget, « notamment le chiffre de ceux qui ont pour objet de pourvoir aux services de l'instruction primaire et des chemins vicinaux, le taux des frais de poursuites auxquelles donne lieu la perception des contributions directes et, en général, toutes les causes permanentes ou accidentelles qui contribuent à rendre ou facile ou malaisé le recouvrement de l'impôt ».

Mais, pour les raisons que nous avons fait ressortir, les préfets ne se trouvaient guère en état d'obéir à ces sages recommandations.

Nous arrivons maintenant à la loi du 5 avril 1884 qui, actuellement, régit la matière (2).

Le paragraphe 1er de l'article 141 de la loi de 1884 établit en faveur des conseils municipaux, ainsi que nous l'avons déjà signalé, les mêmes droits que l'article 3 de la loi de 1867. En d'autres termes, les conseils ont le droit de voter, sans autorisation, dans la limite du maximum déterminé par le conseil général, 5 centimes additionnels pour une période de 5 ans.

1. *Moniteur Universel*, Sénat, 13 juillet 1867, page 932.
2. On sait que la loi de 1884 ne s'applique pas à Paris dont le conseil municipal ne peut, d'après la loi de 1867, voter d'impositions extraordinaires sans autorisation législative (art. 17).

Mais l'article 142 de la loi de 1884 étend le nombre des années pendant lesquelles les contributions extraordinaires dépassant 5 centimes mais n'excédant pas le maximum fixé par le conseil général, peuvent être autorisées par le préfet. Ce nombre est porté de 12 à 30 années, d'où l'augmentation considérable des pouvoirs du préfet.

Enfin, l'article 143 reproduit la nécessité d'avoir recours à un décret lorsqu'il s'agit de voter des contributions excédant le maximum fixé par le conseil général, mais ce décret est désormais rendu en Conseil d'Etat pour toute contribution excédant 30 ans sans qu'il y ait lieu, désormais, de distinguer l'importance relative des revenus des communes (1).

En fait, depuis 1884, comme sous l'empire de la loi de 1867, les lois annuelles de finances arrêtent à 20 centimes ce maximum et les conseils généraux de tous les départements permettent, abdiquant leur rôle plutôt qu'ils ne le remplissent, aux conseils municipaux de l'atteindre. En sorte que les craintes que formulait en 1867 le président Bonjean se sont aujourd'hui entièrement réalisées et même au delà.

D'ailleurs, si les conseils municipaux ne peuvent voter

1. Nous avons vu au début de ce chapitre qu'il appartient aux conseils municipaux de voter 3 centimes extraordinaires exclusivement affectés aux chemins ruraux reconnus. L'approbation supérieure n'est point nécessaire pour le vote de ces centimes qui, d'ailleurs, ne doivent pas être compris dans le maximum fixé par le paragraphe 2 de l'article 141 de la loi de 1884 (Circ. min. Intérieur, 15 mai 1884), et il est reconnu depuis la circulaire du 3 août 1867 qu'ils ont un caractère facultatif et ne peuvent par conséquent être imposés d'office aux communes.

sans autorisation ce maximum que pour 5 années, nous devons faire remarquer que, dès l'expiration de ce délai, ils s'empressent de voter de nouveaux centimes tant les impositions extraordinaires leur paraissent indispensables et naturelles.

Et, quant à celles de ces impositions nécessitant l'autorisation préfectorale, des influences politiques ne tardent pas à les leur faire obtenir, et, ici encore, les contributions extraordinaires se renouvellent au fur et à mesure de l'expiration du délai pour lequel elles ont été créées.

§ 5. — *Statistique.*

Par suite de l'extension progressive des attributions des conseils municipaux et par suite de l'imprévoyance des autorités législatives et préfectorales, les chiffres officiels accusent un accroissement considérable du produit des contributions extraordinaires communales.

Alors qu'en 1838 le produit des centimes communaux de toute nature ne dépassait pas 32.873.600 francs, il atteignait en 1877, 116.000.000 francs ; en 1891, 173.000.000 francs ; en 1896, 186.971.668 francs et, d'après les budgets primitifs de 1897, il s'élève à la somme de 190.974.838 francs (1), soit, en une année, une différence en plus

1. Le nombre total des centimes ordinaires et extraordinaires communaux était en 1889 de 1.993.875. Si en 1890, il ne fut que de 1.873.041, cette diminution provenait de l'application de la loi du 19 juillet 1889 sur l'instruction primaire qui transforma en centimes d'Etat les centimes communaux affectés à ce service.

de 4.003.170 francs (1). Ce total se décomposait ainsi :

Centimes ordinaires et spéciaux.   99.718.039 francs ;

Centimes extraordinaires . . . .   91.256.779   »

Total égal. . . .   190.974.838 francs

On voit par ces chiffres que les conseils municipaux considèrent le vote des centimes extraordinaires comme constituant pour eux une nécessité normale et régulière et que, par suite, ces centimes perdent de plus en plus le caractère exceptionnel qui leur avait été donné par la loi.

Aussi, les différents tableaux que nous avons reproduits ci-dessus font prévoir les conséquences de cet accroissement parallèle des centimes communaux ordinaires et extraordinaires : alors que, pour l'année 1899, le produit total de l'impôt foncier sur les propriétés non bâties est fixé à 100.600.000 francs, en 1896, le produit des centimes départementaux et communaux additionnels à cet impôt s'élevait déjà à 130.006.114 francs 12 centimes. Donc, d'une façon générale, les centimes additionnels viennent doubler l'impôt foncier sur la propriété non

En 1896, le total des centimes était remonté à 2.041.450, et en 1897, il atteint 2.085.262 centimes, soit, en une année, une différence de 43.812 centimes. Quant aux centimes extraordinaires qui rentrent dans ces chiffres. leur quotité en 1896 était de 495.225 et atteint en 1897, 503.548 centimes ; ils ont donc augmenté de 8.323 centimes en une année.

1. Cette augmentation s'est produite pour plus de la moitié (2.037.310 francs), lans les départements suivants : (l'Aude (315.491 fr.) ; la Seine (300.829 fr.) ; le Nord (270.265 fr.) ; l'Hérault (195.447 fr.) ; Seine-et-Oise (183.952 fr.) ; le Gard (135.840 fr.) ; la Gironde (119.746 fr.) ; la Loire-Inférieure (115.523 fr.) ; le Var (87.565 fr.) ; l'Ille-et-Vilaine (85.133 fr.) ; Seine-et-Marne (79.270 fr.) ; les Bouches-du-Rhône (76.565 fr.) ; et l'Isère (71.763 fr.). *Situation financière des communes en 1897*, page VI.

la propriété non bâtie ; dans certaines localités, ils arrivent même à le tripler, l'imposition atteignant ainsi 40 à 60 pour 100 du revenu (1).

On ne peut dire où s'arrêtera cette marche en avant dans l'inconnu budgétaire.

De nouvelles surcharges menacent d'écraser les propriétaires fonciers. C'est encore grâce au procédé des centimes que l'on espère réaliser les réformes d'assistance qui font l'objet des propositions et projets de lois signalés dans notre introduction ; ces futurs centimes ont déjà été baptisés par l'auteur d'une de ces propositions du nom de centimes charitables (2).

Enfin, parmi les moyens mis, par la loi du 29 décembre 1897, à la disposition des communes invitées à supprimer leur octroi, figure principalement l'augmentation de leurs centimes. C'est ainsi que l'on a sérieusement envisagé l'éventualité de remplacer simplement l'octroi de Paris par une surcharge de 25 centimes additionnels aux quatre contributions directes (3), et qu'il a été établi que certaines communes devraient, après de nouvelles taxations s'imposer, en outre, 72 centimes additionnels !

1. Voir De Luçay, *op. cit.*, page 249.
2. Amendement à la loi de finances de 1896, présenté par M. J. Reinach, donnant aux conseils municipaux « le droit de voter « en addition au principal des contributions directes, des centimes « dont le maximum serait fixé à 5 et qui auraient pour objet la créa- « tion ou l'entretien de bureaux de bienfaisance ». *Journal officiel*, Chambre, 14 décembre 1895, page 2. 936.
3. Voir « *L'Economiste français* », 7 mars 1896, page 292.

SECTION IV

Taxes spéciales et surtaxes d'octroi.

§ 1. — *Signification des expressions : taxes spéciales
et surtaxes d'octroi.*

D'après l'article 133 de la loi de 1884, ne rentrent dans
les recettes ordinaires communales que « le produit des
« octrois municipaux affecté aux dépenses ordinaires ».
L'article 134, § 7, de cette même loi attribue, en effet, au
budget extraordinaire des communes, c'est-à-dire à celui
qui nous occupe, « le produit des taxes ou des surtaxes
« d'octroi spécialement affectées à des dépenses extraor-
« dinaires et à des remboursements d'emprunts ».
Cette dernière source de recettes extraordinaires ne
figurait pas dans l'article 32 de la loi de 1837 où sont
énumérées cependant toutes les recettes extraordinaires
qu'indique à son tour l'article 134 de notre loi municipale. — D'après l'article 31, § 5, de la première loi, les
ressources ordinaires communales comprenaient « le produit des octrois municipaux » sans distinguer leur affectation.

Nous avons à examiner d'abord si le texte de la loi de
1884 apporte réellement une innovation en la matière,
mais, pour résoudre cette question, il importe avant tout
de préciser le sens exact des dénominations diverses un

peu confusément données aux taxes d'octroi, soit par les actes législatifs ou administratifs, soit par les auteurs.

Nous passerons ensuite rapidement en revue les autorisations nécessaires pour l'établissement des taxes d'octroi affectées au remboursement des dépenses extraordinaires communales.

Les taxes d'octroi, impôts indirects perçus au profit des communes sur des objets servant à la consommation locale, sont ordinairement classées à deux points de vue.

Un premier classement a pour base le tarif général établi par le décret du 12 février 1870 (1) en exécution des articles 8, 9 et 10 de la loi municipale de 1867, tarif qui contient : 1° une nomenclature des objets imposables ; 2° des maximums de taxes variant avec la population divisée à cet égard en six catégories.

On appelle taxes *réglementaires*, celles qui restent dans les limites de ce tarif ; taxes *extraréglementaires*, celles qui portent sur un objet non compris dans le tarif général ou qui excèdent le chiffre maximum de ce tarif ; et *surtaxes*, celles de ces taxes extraréglementaires qui dépassent le maximum assigné par des lois spéciales aux droits d'octroi sur les alcools, vins, cidres, poirés, hydromels.

Un deuxième classement plus général (2) distingue

---

1. Ce tarif général n'est pas applicable à l'octroi de Paris (art. 16 du décret du 12 février 1870) ; d'autre part, aucun tarif spécial à Paris n'ayant été édicté, il résulte de l'article 8 de la loi du 24 juillet 1867, que les seules délibérations du conseil municipal de Paris, qui ne sont pas soumises à l'approbation par décret, sont celles concernant la suppression ou la réduction des taxes existantes.

2. Voir un avis du Conseil d'Etat du 25 juin 1884. Turquin, *op. cit.*, n. 232.

parmi toutes les taxes précédentes, celles rangées parmi les recettes ordinaires communales, dites taxes *principales ordinaires*, et celles classées au budget extraordinaire pour l'acquittement de dépenses temporaires déterminées, taxes dites *spéciales ou extraordinaires* (1). On n'envisage donc ici que la destination de l'impôt et non sa quotité.

§ 2. *Droits des autorités locales en matière de taxes spéciales d'octroi.*

Examinons maintenant quelles ressources peuvent procurer les octrois aux communes qui ne trouvent pas dans les autres articles de leur budget le moyen de subvenir au paiement de leurs dépenses.

Si les dépenses communales auxquelles l'octroi doit faire face rentrent toutes dans la catégorie des dépenses ordinaires, les conseils municipaux pourvoiront alors à leur remboursement par la création de taxes *principales ordinaires* d'octroi, taxes qui seront dites *extra-réglementaires* lorsqu'elles dépasseront le maximum fixé par le tarif général (2).

Rappelons d'abord que les taxes ordinaires d'octroi ne

1. Un des intérêts que présentait cette deuxième distinction découlait de la loi du 16 juin 1881. Nous verrons, au chapitre des subventions, que d'après l'article 3 de cette loi, dans les communes où le produit du centime dépassait 20 francs, le 1/5 du produit net des taxes extraordinaires devait être affecté aux dépenses de l'enseignement primaire. Cette affectation a été supprimée par l'article 28 de la loi du 19 juillet 1889.

2. Turquin, *op. cit.*, page 17.

Farge

peuvent être établies que sur la demande des conseils municipaux qui devront obtenir un décret rendu en Conseil d'Etat, après avis du conseil général ou de la commission départementale dans l'intervalle des sessions du Conseil général. (Loi de 1884, art. 137.) — Les mêmes autorisations seront nécessaires pour toute délibération du Conseil municipal portant augmentation ou prorogation de taxe réglementaire pour une période de plus de cinq ans et pour l'établissement ou le renouvellement de toute taxe extraréglementaire (art. 137).

Si les dépenses sont de nature extraordinaire, les taxes d'octroi affectées à leur remboursement seront alors dites *spéciales* ou *extraordinaires,* et, non seulement, les règles générales d'autorisation qui président à l'établissement des taxes ordinaires seront observées, mais encore l'autorité compétente pour l'établissement de ces dernières taxes devra s'assurer en outre de l'affectation des recettes d'octroi à des besoins déterminés et temporaires. Pour faciliter ce contrôle, la commune sera tenue de présenter toutes les justifications nécessaires.

« S'agit-il de faire face au remboursement d'emprunts antérieurement autorisés ? le tableau d'amortissement de ces emprunts et les comptes administratifs des trois derniers exercices devront être joints au dossier. Les taxes spéciales ont-elles pour objet d'assurer le remboursement d'un emprunt à contracter ? il y aura lieu de fournir au ministère de l'Intérieur, en même temps que le dossier concernant l'octroi, toutes les pièces relatives à cet emprunt, lequel, comme les taxes d'octroi et simultanément avec elles, devra être autorisé par décret.

« Enfin, si les taxes spéciales sont destinées à couvrir

d'autres dépenses extraordinaires, il faudra justifier que ces dépenses sont déjà approuvées ou susceptibles de l'être à bref délai.

« S'il s'agit de travaux, les plans et devis réguliers seront toujours fournis » (1).

Au cas où, d'après l'article 139 de la loi de 1884, aucune autorisation n'est nécessaire, c'est-à-dire quand les conseils municipaux ne prorogent ou n'augmentent les taxes d'octroi que pour une période de cinq années, et quand, de plus, aucune de ces taxes n'excède le maximum déterminé par le tarif général et ne porte que sur des objets non compris dans ce tarif, c'est au préfet de veiller à ce que le produit de leur perception soit régulièrement classé dans la comptabilité et intégralement employé au paiement de la dépense à laquelle il est affecté.

Dans ce but, un avis du Conseil d'Etat (sections réunies des finances et de l'intérieur), en date du 25 juin 1884, s'appuyant sur la jurisprudence ancienne du Conseil décide que « l'administration municipale sera tenue « de justifier, chaque année, à la préfecture, de l'emploi « des taxes spéciales au paiement des dépenses en vue « desquelles elles ont autorisées. Le compte général de « ce produit, tant en recette qu'en dépense, devra être « présenté à l'expiration du délai fixé par la perception « des taxes spéciales ».

On vient de voir les sages justifications imposées aux conseils municipaux en cette matière. De plus, des limitations étroites ont été fixées aux pouvoirs de ces conseils

1. Avis du Conseil d'Etat des 25 juin 1884 et 28 octobre 1884 ; octrois de Prats-de-Mollo (Pyrénées-Orientales) et de Pontivy (Morbihan). Turquin, *op. cit.*, p. 19.

par la circulaire du 14 février 1840, d'après laquelle le tarif et le produit des taxes extraordinaires d'octroi doivent être proportionnés au montant des sommes rigoureusement nécessaires à l'acquittement des dépenses extraordinaires.

Cette circulaire recommande aux préfets de veiller « à « ce que les droits d'octroi ou autres taxes qui seraient « proposés comme moyen de remboursement d'un emprunt, ne le soient qu'à titre essentiellement tempo-« raire, et à ce que les administrations municipales « n'aient recours à ce moyen qu'à défaut de toute autre « ressource, en cas d'urgence absolue, et à la condition « que la durée de cette accroissement de charges, qui « pèse plus particulièrement sur les classes nécessi-« teuses sera strictement limitée au terme de rembourse-« ment » (1).

D'ailleurs, les avis et arrêts du Conseil d'État s'opposent souvent à la création des octrois qui ne seraient nécessités que par l'acquittement de dépenses extraordinaires et ce n'est qu'à défaut de toute autre recette extraordinaire et au cas où les centimes de cette nature atteignent le maximum fixé par la loi, qu'une demande de création d'octroi aurait chance d'être favorablement accueillie (2).

1. Dans le même ordre d'idées, une circulaire en date du 24 juin 1856 recommande, lorsque l'octroi ne doit servir que pour partie au paiement des dépenses extraordinaires, de ne pas augmenter les taxes principales et de n'établir que des taxes additionnelles, temporaires comme les dépenses auxquelles elles doivent faire face. — Voir les avis du Conseil d'État du 25 mai 1875 (commune de Guennon, Saône-et-Loire), et du 26 mai 1876 (communes de Pouldreuzic, d'Edern et de Berrien, Finistère).

2. L'avis du 25 juin 1884, déjà cité, décide cependant que le légis-

L'étude des diverses autorisations rendues nécessaires par les avis du Conseil d'Etat et les circulaires ministérielles nous a montré qu'antérieurement à la loi de 1884 et malgré le silence de la loi de 1837, une distinction avait été faite entre les taxes d'octroi.

De plus, la circulaire du 15 mai 1884 interprète l'article 13 de la loi actuelle en ce sens que le législateur a entendu y consacrer une pratique depuis longtemps établie.

Mais, si, jusqu'en 1884, les autorités et tribunaux administratifs n'avaient, le plus souvent, distingué que deux catégories de taxes d'octroi, d'une part, les taxes principales affectées aux dépenses courantes et normales des communes et, d'autre part, les taxes additionnelles affectées aux dépenses extraordinaires (1), cette distinction établie sans qu'il existât de texte législatif permettant de la formuler expressément, n'était pas absolue en fait, et des taxes additionnelles étaient souvent employées à des dépenses ordinaires. Comme le faisait

lateur, ayant cessé d'employer l'expression de taxes additionnelles ou de centimes additionnels aux taxes pour désigner les taxes spéciales, celles-ci pourront frapper en totalité un article déterminé du tarif.

1. « Cette division avait eu sa raison d'être, tant que le produit « net des octrois était resté soumis, par l'application de l'article 153 « de la loi du 28 avril 1816, à un prélèvement de 10 pour 100 au « profit du Trésor public, parce que, seules les taxes principales « subissaient ce prélèvement, les taxes additionnelles en ayant été « formellement exemptées (art. 16 de la loi dn 17 août 1822 ; avis « du Conseil d'Etat du 25 juillet 1825). Depuis que le décret du « 17 mars 1852 a supprimé tout prélèvement, au profit du Trésor, « sur le produit des octrois, la division dont il s'agit n'offrait plus « d'intérêt bien défini ; elle avait été néanmoins maintenue par les « lois des 24 juillet 1867 (art. 10) et 10 août 1871 (art. 46) ». Turquin, *op. cit.*, page 16.

remarquer M. Antonin Dubost à la Chambre, lors de la discussion de la loi de 1884, des taxes additionnelles ou surtaxes d'octroi figuraient parmi les recettes ordinaires du budget et il était inexact de dire que les taxes principales seules faisaient exclusivement partie des recettes ordinaires (1).

Une affectation inverse était possible. Des dépenses extraordinaires étaient couvertes au moyen de recettes d'octroi considérées comme ordinaires, et, selon les paroles de M. de Gavardie au Sénat, « les classes laborieuses « pouvaient, par suite, être grevées pour le rembourse- « ment de dépenses extraordinaires, comme, par exemple, « la création des lycées, destinées à d'autres conditions « sociales auxquelles elles n'avaient aucun intérêt » (2). C'est ainsi que M. Demôle, rapporteur de la loi de 1884 au Sénat, pouvait affirmer le 15 février 1884 que « d'après la législation actuelle toutes les recettes d'octroi sont des recettes ordinaires (3) » et c'est pourquoi la Chambre des députés, malgré la résistance du Sénat, qui ne l'adopta qu'en troisième délibération, fit voter la rédaction actuelle de l'article 134 qui, comme nous l'avons vu, sépare législativement les recettes ordinaires et extraordinaires d'octroi, les deuxièmes étant celles affectées spécialement à des dépenses extraordinaires (4).

Une difficulté a été soulevée quant à l'interprétation

1. *Journal officiel*, Chambre, 22 mars 1884, p. 867.
2. *Journal officiel*, Sénat, 30 mars 1884, page 847.
3. *Journal officiel*, Sénat, 15 février 1884, page 367.
4. Les recettes du budget extraordinaire se composent :... 7° du produit des taxes ou des surtaxes d'octroi spécialement affectées à des dépenses extraordinaires et à des remboursement d'emprunts (article 134).

du mot « *spécialement* » employé par cet article 134. Certes, lorsque les recettes d'octroi ont été établies pour le paiement de dépenses *nommément* désignées, il s'agit bien de recettes extraordinaires.

Mais dans quel chapitre du budget communal doit-on ranger les taxes votées en termes généraux pour des dépenses extraordinaires alors que la détermination de ces dépenses ne sera faite que plus tard ?

D'après M. Morgand, il s'agit d'une question de fait : « Si les recettes inscrites au budget ordinaire sont égales ou supérieures aux dépenses corrélatives, les taxes additionnelles et surtaxes devront nécessairement servir au paiement de dépenses extraordinaires et quoi qu'elles n'aient pas reçu d'affectation spéciale, elles devront figurer au budget extraordinaire. Si, au contraire, les recettes ordinaires sont insuffisantes pour couvrir les dépenses de même nature, les taxes additionnelles et surtaxes devront être affectées au paiement de ces dépenses et, par suite, inscrites au budget ordinaire » (1).

En sens contraire, des avis, sous forme de notes, de la section des Finances du Conseil d'État, en date des 15 décembre 1886 (octroi de Roanne) et 29 mars 1887 (octroi de Cette) exigent que les dépenses extraordinaires soient à l'avance nommément désignées.

Ces avis confirmant une jurisprudence établie, avant la promulgation de la loi nouvelle, par le Conseil d'Etat dans des arrêts du 16 décembre 1842 (ville de Troyes) et 5 juin 1848 (ville d'Auch) (2) sont conformes aux justi-

---

1. Morgand, *La loi municipale*, t. II, page 288.
2. Turquin, *op. cit.*, n. 297.

fications nécessaires aujourd'hui pour l'établissement des surtaxes et que nous avons énumérées.

§ 3. — *Règles spécialement établies en matière de surtaxes.*

Nous devons maintenant insister sur les règles spécialement établies quant à l'autorisation de certaines taxes généralement employées à l'acquittement des dépenses extraordinaires communales. Nous voulons parler des surtaxes, ou taxes extraréglementaires dépassant le maximum assigné par des lois spéciales aux droits d'octroi sur les alcools, vins, cidres, poirés et hydromels.

En ce qui concerne les alcools, la loi du 11 juin 1842 a fixé ce maximum spécial au chiffre principal des droits d'entrée du Trésor (art. 9) ; mais la loi du 29 décembre 1897, qui oblige les communes à dégrever les droits d'octroi jusqu'alors perçus sur les boissons hygiéniques, permet d'établir une taxe compensatrice de ce dégrèvement, taxe pouvant s'élever jusqu'au double des droits d'entrée, décime compris (art. 4, § 1).

Pour les vins, cidres, poirés, hydromels, les lois du 22 juin 1880 (article 18) et du 19 juillet 1880 (article 6) ont arrêté au double du principal des droits d'entrée le maximum qui leur est attribué par des lois spéciales.

D'après l'article 137, dernier paragraphe, de la loi de 1884 et d'après l'article 4 de la loi du 29 décembre 1897, toutes ces surtaxes d'octroi, dont la durée ne peut d'ailleurs excéder celle des taxes principales (1), ne peuvent être établies que par une loi. Il n'en fut pas toujours ainsi.

L'ordonnance du 9 décembre 1814 établissait dans son article 12, § 2, que « les droits d'octroi sur les vins, « cidres, poirés, eaux-de-vie et liqueurs ne pourraient « excéder ceux perçus aux entrées des villes sur les « mêmes boissons pour le compte du Trésor public (Pa- « ris excepté) » et, en vertu de l'article 149 de la loi du 28 avril 1816, les taxes excédant ces droits d'entrée (sur-taxes) étaient autorisées par ordonnance royale.

Mais, dès 1842, des abus avaient rendu une réforme nécessaire. Pour faire cesser l'exagération déjà constatée à cette époque en matière de surtaxes d'octroi, la loi du 11 juin 1842 substitua à la nécessité de l'approbation du pouvoir exécutif celle du pouvoir législatif et décida que les surtaxes antérieurement établies par ordon-nances devaient prendre fin le 1re janvier 1853, de plein droit.

L'exécution, déjà difficile, de la loi précédente fut ren-due impossible par un décret-loi du 17 mars 1852 qui réduisait de moitié le droit d'entrée du Trésor, droit qui, on l'a dit, servait de base pour la fixation des droits d'octroi. La situation des communes qui trouvaient en ces droits une grande partie de leurs ressources et qui voyaient cette part diminuer de moitié, devenait criti-que. Aussi le décret prolongeait-il de trois ans le délai fixé par la loi de 1842 quant à la durée des surtaxes et per-mettait même aux communes dont les taxes d'octroi ser-vaient au remboursement d'emprunts, de dépasser ce

1. Voir la circulaire du Ministre de l'Intérieur, du 12 août 1878.

délai, après une autorisation accordée par décret rendu en forme de règlement d'administration publique.

On calcula bientôt que, dans certaines communes, les neuf dixièmes des revenus primitifs de l'octroi devaient être supprimés par l'application stricte du décret-loi de 1852, et que douze cents communes auraient à reviser leurs tarifs avant 1856. Aussi la loi de finances du 22 juin 1854 dut-elle abroger l'article 15 du décret de 1852 et décider que les surtaxes d'octroi seraient les taxes excédant, non le principal, mais le double des droits d'entrée déterminés par la loi de 1852 (1).

Comme le montant de ces droits d'entrée était le même que celui de 1814 diminué de moitié, les communes étaient remises dans la situation qui leur avait été faite par la loi du 11 juin 1842, sauf pour les alcools, que ne concerne pas la loi du 22 juin 1854. Quant à ces derniers, les droits d'octroi ne pouvaient donc être supérieurs au principal des droits établis au profit du Trésor et au delà ils constituaient des surtaxes dont l'établissement nécessitait l'autorisation législative, mais nous avons dit que la loi du 29 décembre 1897 permet aux communes d'atteindre le double des droits du Trésor pour dégrever les boissons hygiéniques.

Le produit des surtaxes étant, le plus souvent, destiné à pourvoir au remboursement de dépenses extraordinaires, les municipalités devront fournir, à l'appui de leur demande d'établissement ou de prorogation de sur-

1. Les dispositions de la loi de 1854 ont été confirmées par l'article 6 de la loi du 21 juillet 1880 portant dégrèvement des droits sur les sucres et sur les vins.

taxes, les pièces justificatives que nous avons vu exiger
en matière de taxes spéciales.

Nous approuvons toutes ces sages limitations et justifications. En les rendant nécessaires, l'Etat a d'ailleurs
agi pour lui-même. On comprend, en effet, que l'intérêt
de la commune et des contribuables n'est pas seul engagé
ici et qu'un tarif exagéré restreindrait la consommation
et, par là même, le rendement des droits d'entrée perçus au
profit du Trésor. Mais ces justifications sont trop souvent
inutiles en matière de surtaxes, car le pouvoir législatif
accorde presque toujours aux communes, sans un examen
approfondi, l'autorisation qu'elles sollicitent.

On peut donc dire que l'intervention législative est
loin d'être une garantie sérieuse de la bonne gestion des
finances communales, en sorte que nous approuvons les
modifications apportées sur le point qui nous intéresse
en ce moment, par le projet de décentralisation déposé
le 27 octobre 1896 par M. Barthou (1).

D'après ce projet, l'établissement et la prorogation des
surtaxes d'octroi seraient accordés par un simple décret
rendu en Conseil d'Etat. Outre que l'ordre du jour du
Parlement sera d'autant déchargé, on peut espérer que
le Conseil d'Etat se montrera plus rigoureux que les
Chambres par cela même qu'il est mieux placé que les
représentants du pays pour résister aux sollicitations des
conseils municipaux trop pressés d'engager l'avenir.
Nous reviendrons d'ailleurs ultérieurement sur ce point
spécial.

L'historique des autorisations et des limitations éta-

1. *Journal officiel*, Chambre, 28 octobre 1896, page 1.319.

blies en matière de surtaxes d'octroi nous a montré que l'État ne put surmonter les difficultés qu'il rencontra quand il voulut, de 1842 à 1854, prohiber dans un but louable les droits excessifs perçus sur les boissons.

Malheureusement, nous l'avons vu ne s'arrêter qu'à des demi-mesures, et par suite de ses hésitations à sacrifier complètement tantôt son propre intérêt, tantôt celui des communes, il dut revenir en 1854 sur les mesures ordonnées en 1842. Il avait cependant montré l'exemple du sacrifice en réduisant de moitié le droit d'entrée du Trésor. (D. 17 mars 1852). Nous allons voir qu'il n'en est pas de même aujourd'hui.

§ 4. — *Suppression des octrois.*

Si les recettes extraordinaires communales déjà étudiées accusent une augmentation progressive, nécessitée par les dépenses croissantes des services communaux, une progression bien plus considérable encore peut être constatée en matière de recettes d'octroi.

Le rendement total de cet impôt n'était, en effet, que de 97 millions en 1855 ; il atteint 249 millions en 1877 ; il dépasse, dès 1896, 300 millions ; il s'est élevé, en l'année 1897, à 316.627.268 francs, et, en 1898, à 326.143.756 francs, chiffre qui représente à peu près le tiers des ressources ordinaires communales (en considérant la France sans Paris).

Nous sommes bien loin de l'époque où les octrois ne pouvaient être établis que dans les villes dont les hospi-

ces n'avaient pas de revenus suffisants. (Loi du 27 vendémiaire an VII).

Ces chiffres montrent d'eux-mêmes que les municipalités ont abusé des facilités de recouvrement que pré-
sentent les impôts sur les objets de consommation.

Et cependant, ces impôts ne peuvent être établis utilement dans toutes les agglomérations ; seules, les villes
déjà importantes doivent y avoir recours, sinon les frais
de perception absorberaient rapidement la presque totalité des recettes (1). Les statistiques financières dressées
en ce qui concerne les communes par le ministère de l'Intérieur, font voir cependant que cette règle a été souvent
oubliée.

En 1893, les octrois de Canne (Aude), de Saint-Aupre
(Isère), de Juncalas (Hautes-Pyrénées) produisaient, le
premier, 600 francs, le deuxième, 310, et le troisième,
160 francs.

En 1896, à Botsorhel, où l'octroi rapportait 200 francs
seulement, la situation financière de la commune a permis de le supprimer sans augmenter les charges de l'impôt direct, mais deux octrois ont été créés la même année,
l'un à Gourlizon, l'autre à Landrevarzoc (Finistère) et
leur produit était évalué à 200 francs pour le premier et
à 300 francs pour le second. Quant à l'octroi de la commune de Birac, supprimé également en 1896, il ne rapportait pas 50 francs.

---

1. L'évaluation de ces frais est inversement proportionnelle à l'élévation des recettes : la moyenne des frais de perception est, en
France, de 8,69 pour 100, de 5,02 pour 100 à Paris et de 14,63 pour
100 à Bordeaux. (M. Himbourg, *Des finances communales*, *Thèse*,
page 297).

Comment de tels octrois ont-ils pu être consentis ? Les préfets qui, d'après l'article 6 du décret du 12 février 1870, autorisent les frais de premier établissement, de régie et de perception n'auraient-ils pas dû refuser leur autorisation ?

Malgré ces abus, les droits d'octroi n'étaient perçus en 1897 que dans 1.518 communes sur 36.000. Or, ainsi que nous l'avons fait ressortir dans l'introduction de cette étude, ce sont les budgets des agglomérations les plus importantes qui accusent les dettes les plus élevées, étant donné, bien entendu, que nous considérons la dette en envisageant ce que chaque habitant de chacune de nos villes devrait immédiatement payer si l'on pouvait, à un moment donné, liquider d'un coup tout le passif communal.

« D'une manière générale, on peut dire que le montant en capital des dettes des communes est assez exactement proportionnel à la population de ces mêmes communes. En France la dette des 246 villes qui ont plus de 10.000 habitants, qui sont chefs-lieux de départements ou dont la dette excède un million de francs représente 84 pour 100 de l'ensemble de la dette communale, et comme elle ne porte que sur un chiffre de population légèrement inférieur au 1/4 de la population globale, elle grève cette population d'une lourde charge en capital de 286 francs par tête d'habitant ; au contraire, dans le reste des communes du territoire, le poids de la dette ne dépasse pas 17 francs 50 cent. par habitant. D'autre part, le passif des villes de plus de 5.000 habitants correspond à lui seul à 74 pour 100 du passif total des communes en France ». (1)

Si l'exiguïté des ressources rend très lourde, dans les petites communes, la charge des dettes locales, même minimes, la situation des communes plus importantes peut, malgré le chiffre de leur passif, être envisagée avec moins d'inquiétude, par suite des excédents toujours croissants de leurs recettes d'octroi. En effet, si ces excédents sont produits par des taxes extraordinaires d'octroi, ils servent à rembourser les dépenses extraordinaires communales et gagent spécialement les emprunts communaux. S'ils ne sont dus qu'à des taxes ordinaires, ils viennent grossir les ressources ordinaires de la commune, qui, ainsi que nous l'avons dit, doivent servir au remboursement des dépenses extraordinaires, après acquittement de toutes les dépenses ordinaires.

Dans les deux cas, ces excédents forment un gage sûr et toujours croissant de la dette communale.

Or, bien que le maintien des recettes d'octroi soit indispensable à l'équilibre des finances communales, des propositions multiples, mises à l'ordre du jour des Chambres depuis une trentaine d'années, ont fini par aboutir à la loi récente du 29 décembre 1897 dont les dispositions s'appliquent aux surtaxes comme aux taxes principales d'octroi.

Cette loi oblige les communes à abaisser leurs droits sur les boissons hygiéniques (c'est-à-dire sur les vins, cidres, poirés, bières et eaux minérales) jusqu'à un tarif

1. M. Paul-Dubois, *op. cit.*, page 279.

maximum variable d'après la population ; elle autorise, en outre, les communes à supprimer ces mêmes droits et leur laisse la liberté de les remplacer par certaines taxes sous réserve de l'approbation préfectorale.

Enfin l'article 5 de la loi de 1897 permet la suppression de tous les droits d'octroi, qui seraient alors remplacés, après approbation législative, par des taxes directes ou indirectes.

De puissantes raisons ont poussé à cette importante réforme. Tous les impôts sur les consommations sont une cause évidente de gêne pour la circulation et le commerce et, outre leur caractère souvent vexatoire, offrent l'inconvénient, leurs tarifs étant uniformes pour tous, d'être basés, non pas sur les moyens, mais sur les besoins des contribuables.

Aucun tarif d'octroi ne peut, en fait, être établi justement, car des difficultés de perception empêchent de prendre en considération, dans l'établissement des tarifs, la valeur différente d'objets de même nature (1). Aussi la fraude, plus fréquente ici qu'en matière de douane, est-elle considérée par la population comme légitime ; certains ont même prétendu qu'elle était « une nécessité pour les commerçants qui, le plus souvent, n'ont pas d'autre resssource pour lutter contre leurs adversaires (2) ».

Ces critiques ont une incontestable valeur, mais il ne faut pas oublier que les droits d'octroi serviraient, s'ils

1. C'est ainsi que le droit *ad valorem* n'existe pas pour les vins.
2. M. Bertrand, *Des taxes communales d'octroi, Thèse*, page 56.

étaient établis d'une façon modérée, à corriger dans une certaine mesure les imperfections de nos impôts directs, actuellement « inégaux de ville à ville, de personne à personne (1) », et que nous avons constatées plus haut (2).

En outre, si les tarifs d'octroi restaient peu élevés, la population la moins aisée supporterait avec raison une part des charges des services publics dont, en général, l'amélioration lui profite comme aux riches (3). Même, certains de ces services, ceux, par exemple, de l'instruction primaire et de l'assistance lui profitent tout spécialement.

Ainsi, si l'on peut penser avec M. Leroy-Beaulieu que « maintenue dans des limites rationnelles, cette imposition n'est pas plus mauvaise que la généralité des autres (4), il faut encore que ces limites rationnelles existent,

---

1. « Un commerçant de Paris fait 100.000 francs d'affaires et « 10.000 francs de bénéfices : pourquoi paie-t-il une patente plus « élevée que le commerçant d'Alençon qui fait le même bénéfice « pour le même chiffre d'affaires, puisque ce que donne l'un et « l'autre sert également à payer la justice, à payer l'armée, à payer « les fonctionnaires publics et que ces services sont pareils pour l'un « et l'autre » ? (M. Berthélemy, *La suppression des octrois, Revue de Paris*, février 1899, p. 889).

2. « Insupportable sous la forme directe, la somme obtenue de-« vient insensible sous la forme indirecte ». (Thiers, *De la prospérité*, Chap. IV, de l'impôt, page 405).

3. D'ailleurs, d'après les articles 12, 18 et 20 de la loi du 21 avril 1832, les villes à octroi peuvent payer à l'Etat leur contingent personnel et mobilier sur le produit de leur octroi. Si cette conversion de l'impôt mobilier en impôt d'octroi n'est que partielle, ce qui reste dû par la ville est réparti en cote mobilière seulement « après « déduction des faibles loyers que les conseils municipaux croiront « devoir exempter de la cotisation ».

4. L'*Economiste français*, 16 janvier 1892.

Farge   8 .

et les chiffres du rendement de l'octroi montrent qu'elles ont été évidemment dépassées.

Quoi qu'il en soit, les développements sur la légitimité de l'octroi ne rentrant pas dans le cadre de notre travail, nous n'insisterons pas sur le principe même de la réforme entreprise par les Chambres, mais nous devons voir si la loi de 1897 l'a rendue possible aux communes grevées d'un si lourd passif.

Constatons tout d'abord, en ce qui concerne l'autorisation que le premier article de la loi semble accorder quant à la suppression des droits d'octroi, que cet article n'apporte aucune innovation à la législation antérieure. Déjà, en effet, l'article 138 de la loi de 1884 laissait aux communes la faculté de supprimer leurs octrois après avis du Conseil général et autorisation préfectorale.

C'est seulement quant à l'abaissement des taxes, qu'une innovation importante est apportée, puisque les taxes sur les boissons hygiéniques sont impérativement ramenées à un taux fixé par l'article 2 de la loi de 1897.

Quelles sont donc les nouvelles taxes compensatrices permises aux communes, d'abord au cas de dégrèvement partiel, ensuite au cas de dégrèvement total ?

A. — *Dégrèvement partiel.*

L'article 4 énumère les premières de ces taxes. — Ce sont :

1° L'élévation du droit sur l'alcool au double des droits d'entrée (une loi pourra autoriser des taxes supérieures) ;

2° L'établissement des droits de licence à la charge des commerçants de boissons ;

3° La perception d'une taxe minima de 30 centimes par bouteille sur les vins en bouteilles ;

4° La création de taxes égales, au maximum, aux taxes en principal sur les chevaux, voitures, billards, cercles, chiens ;

5° L'établissement de centimes additionnels jusqu'au maximum de 20.

Reprenons une à une ces taxes de remplacement et voyons quelles ressources nouvelles elles permettent de prévoir.

1° *Elévation des droits et surtaxes sur l'alcool.* — Le maximum des droits d'octroi sur l'alcool qui ne pouvait, jusqu'en 1897, dépasser le droit d'entrée dû au Trésor, peut être maintenant porté au double de ce droit. L'établissement des surtaxes est toujours soumis à l'approbation législative.

Le relèvement de ces droits enrayera, espère-t-on, les progrès de l'alcoolisme. Nous applaudissons à cette réforme, si elle doit certainement profiter à la santé et à l'hygiène publiques. Mais d'autres résultats nous paraissent encore plus probables. N'est-il pas à craindre que les alcools à bon marché ne soient plus falsifiés encore que précédemment ? En outre, les vins étant, d'après la loi, exemptés de tout droit, ou tout au moins sensiblement dégrevés, ne serviront-ils pas à la fabrication

frauduleuse de l'alcool dans l'intérieur des villes ? (1)
Cette fabrication serait trop rémunératrice pour ne point
tenter nombre de commerçants, car les taxes et surtaxes
sur l'alcool, déjà énormes aujourd'hui, devront, pour
être réellement compensatrices, devenir excessives (2).

Même excessives, seront-elles suffisantes pour remplacer dans les caisses municipales, l'impôt supprimé ?
Si l'espoir du législateur est de restreindre la consommation de produits nuisibles, ne doit-on pas prévoir une
baisse considérable des recettes dont on escompte, au
contraire, l'accroissement ? « Il y a malheureusement
contradiction entre l'intérêt de l'hygiène et celui des
budgets de l'Etat et des villes (3) ».

Enfin, si des taxes et des surtaxes subsistent, les barrières nécessaires à leur perception subsisteront également. L'obstacle mis par l'octroi à la circulation et au
commerce sera maintenu, et les mêmes griefs invoqués

1. « En prenant du vin immunisé de tout droit, avec un simple
appareil qu'on pourra aisément dissimuler dans le fond d'une armoire, on pourra fabriquer un hectolitre d'alcool par jour. Et comme
prime à une telle fraude, celui qui aura fabriqué cet hectolitre d'alcool dans sa journée aura réalisé un bénéfice net de 321 francs
25 centimes ». (Discours de M. Octave Lauraine, *Journal officiel*,
Chambre, 24 décembre 1898, page 2,649).

2. « A Paris, la surtaxe proposée sur les alcools a pour résultat
« d'imposer à l'alcool un impôt total de 351 francs 25 centimes,
« puisqu'au droit de 186 francs 25 centimes perçu par l'Etat et aux
« 79 francs 80 centimes déjà perçus par la ville, vous ajoutez une
« surtaxe de 85 fr. 80. Au cours actuel, le prix de l'hectolitre d'al
« cool est de 42 francs ; l'année dernière, ce prix s'était abaissé
« jusqu'à 28 francs, c'est-à-dire que cette matière serait imposée
« d'une taxe douze fois supérieure à sa valeur réelle ». (Discours de
M. Berthelot, *Journal officiel*, 24 décembre 1898).

3. Discours de M. Berthelot, *loc. cit.*

sur ce point contre l'octroi pourront être formulés contre les nouveaux impôts.

2° et 3° Etablissement de droits de licence sur les commerçants de boissons et perception d'une taxe minima de 30 centimes sur les vins en bouteille. — L'établissement de ces droits est celui qui nous paraît le plus équitable. Mais il ne faut pas nier que le consommateur pauvre supportera en définitive la charge de ces droits nouveaux et perdra ainsi une partie du bénéfice que semblait lui procurer la loi de 1897.

4° Création de taxes égales au maximum des taxes en principal sur les chevaux, voitures, billards, cercles, chiens. — Ces taxes somptuaires ne s'appliquent forcément qu'à une minime partie de la population et n'ont jamais donné à l'Etat et aux communes des résultats vraiment appréciables. En sera-t-il autrement à l'avenir ? Il est certain que non

5° Centimes additionnels. — Nous avons vu plus haut que leur accroissement est chaque année considérable, bien que par nature leur productivité soit limitée et qu'ils pèsent déjà lourdement sur les contribuables, principalement sur les propriétaires fonciers **(1)**. Certes,

---

1. « A Paris, la propriété paye déjà 74 centimes additionnels, alors que les patentes ne payent que 27 centimes, les portes et fenêtres, 49, la contribution mobilière 54. Elle paye donc 20 centimes additionnels de plus que la contribution directe la plus chargée.

« Sur quelle base honnête vous placerez-vous pour l'écraser d'une nouvelle charge de 70 centimes ? Ce n'est pas tout : on veut encore l'écraser dans la personne des locataires auxquels on impose égale-

il est juste de faire contribuer la propriété au dégrèvement des taxes d'octroi, puisqu'elle augmente de valeur grâce aux dépenses communales nécessitées par les services de balayage, d'éclairage, de police, de canalisation d'eaux et égouts, dépenses dont le produit des taxes ordinaires d'octroi permet de rembourser une part importante. Mais nous avons montré, en traitant des centimes, que les villes n'ont point attendu l'invitation que leur donne la loi de 1897 pour atteindre et dépasser le maximum qui leur est fixé par les lois de finances. Le maximum de la loi de 1897 constituera donc le plus souvent une charge très lourde, bien qu'insuffisante (1).

B. — *Dégrèvement total.*

Nous venons de voir que, malgré les efforts tentés depuis 1897 par les conseils municipaux, le nombre et le rendement des taxes compensatrices du dégrèvement partiel restent bien limités. Examinons maintenant quelles sont, dans notre seconde hypothèse, celle de la suppression totale, les taxes directes et indirectes de

ment une charge nouvelle de 70 centimes additionnels avec cette circonstance aggravante qu'on force le propriétaire à avancer les fonds, sauf son recours contre le locataire ». (Discours de M. Chenel. *Journal officiel*, Chambre, 24 décembre 1898, page 2, 640).

1. Ainsi que le disait le maire de Rouen devant la commission du Sénat chargée du rapport de la loi de 1896 : « Il semble que la proposition de loi convient surtout aux villes qui n'en ont pas besoin. c'est-à-dire à celles qui, moyennant quelques centimes additionnels, peuvent se passer du produit de leurs octrois ». (*Rapport Bardoux*, page 742.)

remplacement dont la perception sera permise aux communes.

En cas de dégrèvement total, l'article 5 de la loi de 1897 donne aux conseils municipaux le droit d'établir des taxes directes et indirectes selon les formes et les conditions prévues en matière d'octroi et sous réserve de l'approbation législative. Le dernier paragraphe de cet article ajoute : « Les taxes directes ne seront prélevées que sur les propriétés ou objets situés dans la commune ; elles s'appliqueront à toutes les propriétés ou à tous les objets de même nature ; elles seront proportionnelles. »

Passons rapidement en revue les ressources que peuvent procurer les taxes soumises jusqu'à présent par les communes à l'approbation des Chambres.

Ecartons tout d'abord les taxes de pavage, les droits de stationnement dans les halles, foires et marchés, qui existent déjà dans la majorité des villes et ne leur procurent pas des recettes bien appréciables ; leur majoration, à plus forte raison, ne donnera qu'un rendement insignifiant étant donné le déficit que créera la loi nouvelle et qu'il est indispensable de combler.

Les taxes de remplacement portant sur la valeur vénale du sol bâti et non bâti, de même que celles sur le cube des constructions nouvelles, seraient au moins aussi vexatoires que les droits d'octroi et retomberaient en définitive sur toute la population, même la moins aisée, puisque les propriétaires directement surimposés élèveront certainement le prix des loyers (1).

1. D'après le projet soumis par M. Baudin au Conseil municipal de Paris, « les loyers paient déjà à l'heure actuelle, à l'impôt mo-

L'établissement de ces taxes irait alors directement contre ce qui a lieu aujourd'hui dans les grandes villes, où les conseils municipaux des villes à octroi sont autorisés à prélever une partie de leur contingent mobilier sur les produits de l'octroi, et dégrèvent ainsi la taxe mobilière de ceux des contribuables ne payant qu'un faible loyer.

On a proposé également de créer des taxes sur la valeur locative de l'habitation ; elles devraient pour être productives porter aussi sur ces derniers contribuables et la réforme tentée en 1897 ne remplirait pas alors le but que le législateur s'était imposé, au moins en apparence.

Quant à l'établissement de nouveaux décimes sur les successions, l'augmentation de ces décimes ne pourrait être l'objet que d'une détermination forcément très irrégulière, puisque si, pour une commune suffisamment importante, le nombre des décès est sensiblement le même chaque année, le montant de la valeur des successions ouvertes dans cette même commune est forcément très variable (1). (Il n'en est pas de même du droit

bilier, 13 pour 100 ; on y ajouterait jusqu'à près de 7 pour 100 ; en outre la maison paierait 5 1/2 pour 100 de la valeur locative ; nous voilà au delà de 25 pour 100 ; qu'on y joigne l'impôt foncier actuel des portes et fenêtres ; c'est environ 33 pour 100 que paierait une maison parisienne et cela sans préjudice des réparations et autres charges. Autant dire que l'Etat et la Commune se déclareraient copropriétaires, à concurrence d'environ 50 pour 100 du revenu net des immeubles parisiens ». *L'Economiste français*, 2 avril 1898, page 431.

1. Au sujet du droit municipal de succession proposé par M. Baudin au Conseil municipal de Paris et prévu dans son projet pour une somme de 32 millions et demi, faisons remarquer que l'énormité de cette charge nouvelle ferait naître à Paris, seule ville où son établissement soit cependant en principe recommandable, un nouveau danger sur lequel M. Leroy-Beaulieu s'exprime ainsi : « Quant à une taxe municipale sur les successions, égale à celle de l'Etat,

successoral perçu par l'Etat ; ce droit présente toujours une certaine régularité qui permet de prévoir des chiffres précis, car il s'établit des compensations qui ne sont guère possibles dans une commune unique).

Nous pouvons conclure que toutes les taxes de remplacement total jusqu'alors proposées sont insuffisantes et, plus encore que les impôts qu'elles ont pour but de remplacer, onéreuses et injustes pour les contribuables. Et cependant ce n'est pas le dégrèvement partiel des taxes d'octroi mais le dégrèvement total seul, qui profiterait à la population ouvrière.

Quels sont les sacrifices consentis par l'Etat dans cette réforme ? Nous n'en voyons pas.

L'Etat ne renonce à aucun des droits d'entrée perçus par le Trésor et oblige les communes à faire ce qu'il ne fait pas lui-même, sans vouloir comprendre que la réforme des octrois n'est point possible avant la réforme du régime fiscal des boissons (1).

le résultat le plus clair de cette mesure, sauf en ce qui concerne les immeubles qui ne peuvent se dérober, serait de faire que tous les Parisiens ayant quelque fortune éliraient domicile dans de petites communes plus discrètes, et les notaires parisiens, ainsi que les divers gens de loi de Paris, y perdraient la plus belle et la plus rémunératrice partie de leur clientèle ». (*L'Economiste français*, 2 avril 1898, page 430.)

1. « A Paris, par exemple, à l'heure actuelle, l'ensemble des droits perçus sur les vins au compte de l'Etat et au compte de la Ville monte à 18 fr. 67 par hectolitre, dont 8 fr. 25 pour l'Etat et 10 fr. 62 pour la Ville. Le vin continuera, au moins jusqu'à ce que le Parlement se mette d'accord pour réformer les droits de l'Etat sur les boissons, à payer à l'Etat 8 fr. 25 ; mais les 10 fr. 62 de droits d'octroi devront être abaissés à 4 fr., si bien que le vin paiera désormais 12 fr. 25 l'hectolitre au lieu de 18 fr. 87 ; mais c'est la Ville qui fera

Au cas de suppression totale consentie par la commune, le maintien des droits d'entrée n'entraînera-t-il pas celui des barrières, puisque c'est grâce à l'existence de celles-ci que les taxes de l'Etat se recouvrent ?

Le libre échange à l'intérieur n'existera donc pas encore, et c'est pourtant en son nom que la suppression des octrois aura surtout été faite.

Au cas de dégrèvement partiel, non seulement les villes continueront encore « à prêter leur concours à l'Etat comme collecteurs de l'impôt (1) », mais les frais de perception d'octroi déjà élevés, seront pour les communes tout à fait hors de proportion avec leurs recettes futures. A l'heure actuelle, l'Etat, et il ne saurait en être autrement, contribue aux frais que nécessite la perception des droits d'octroi, puisque cette perception permet en outre celle de droits fiscaux au profit du Trésor. Or, avant la mise en pratique de la loi nouvelle, on estimait déjà que la part contributive de l'Etat dans les charges nécessitées par cette perception était insuffisante par rapport à la part des communes dans la dépense totale nécessitée par le service des octrois. Cela posé, et étant donné que les barrières établies à la porte des villes perdent de leur utilité en ce qui concerne les communes et conservent pour l'Etat au moins toute leur utilité antérieure, puisque les sommes perçues pour lui seront plus considérables par suite des dégrèvements communaux, l'Etat

uniquement les frais de cette réduction. On voit que l'Etat n'est guère bon prince. Il bouleverse les budgets municipaux, tout en ménageant le sien ». (*L'Economiste français*, 2 avril 1898, page 429).

1. M. Berthélemy, *Revue politique et parlementaire*, 1895, page 449.

va-t-il désormais contribuer aux charges de perception
dont il s'agit, pour une part plus considérable qu'autrefois, c'est-à-dire proportionnelle aux sommes recou-
vrées (1) ?

L'Etat ne le dit pas et la négative paraît certaine.

En résumé, nous voyons donc encore ici l'Etat jouer
un rôle instigateur, néfaste pour les communes. Il s'ar-
rête à des demi-réformes qui font supporter aux communes des charges nouvelles dont il ne veut prendre aucune part et dont il prétend même retirer profit. Aussi
l'application de la loi de 1897 a-t-elle soulevé les plus
vives protestations des villes et des campagnes, protestations qui ont forcé les Chambres de proroger le délai
imparti aux communes pour abaisser les droits sur les
boissons hygiéniques (2).

Et pourtant, l'Etat seul pourrait prendre l'initiative
d'une réforme plus vaste, la seule efficace, par laquelle

1. Voir discours de M. Berthelot, *Journal officiel*, Chambre,
24 décembre 1898, page 2.632.

2. D'après la loi votée le 24 décembre 1898, le délai imparti par
la loi du 29 décembre 1897 pour abaisser les droits sur les boissons
hygiéniques est prorogé au 31 décembre 1899 pour les communes
qui réclameront le bénéfice du sursis. Le sursis doit être autorisé
par décret.

D'après l'article 3 de cette loi, « le Président de la République est
autorisé à approuver par décrets rendus en Conseil d'Etat, la prorogation pour une période maxima d'un an, à partir du 1er janvier 1899, des surtaxes sur l'alcool ainsi que, dans les départements
placés, au point de vue des droits du Trésor, dans la troisième classe,
des surtaxes sur les vins, cidres, poirés et hydromels, qui expirent
le 31 décembre 1898 et dont le maintien aura été voté par les conseils municipaux ».

il s'associerait justement aux efforts qu'il impose aux municipalités.

Mais comment arriver à ce résultat ?

En Angleterre et en Belgique, l'Etat n'a pu aboutir à exempter les communes de toute taxe indirecte qu'en consentant lui-même des sacrifices, par l'abandon aux communes d'une part des taxes indirectes nationales. Il y a là une indication précieuse à retenir. « C'est, en effet, « à tous, c'est à toute la France, et non pas seulement « aux citadins, qu'il faut demander les 320 millions avec « lesquels on se rachètera des octrois (1) ».

Puisque les octrois sont un obstacle à la circulation des denrées agricoles, il est évident que leur suppression assurerait aux habitants des campagnes un écoulement plus considérable et par suite plus rénumérateur de leurs produits. Ce simple raisonnement rend tous les contribuables solidaires dans l'accomplissement d'une telle réforme.

Est-ce à dire que les Etats cités plus haut nous donnent un exemple que l'on doit copier servilement ? Nous ne pensons pas.

Selon nous, il serait dangereux, de voir, en France, substituer, comme en Belgique, aux impôts indirects locaux, des taxes indirectes générales (2) qui fourniraient un fond général à répartir ensuite entre les communes.

1. M. Berthélemy, *Revue de Paris*, 15 février 1899, page 886.
2. Prélèvement de 75 pour 100 des droits de douane sur le café, de 35 pour 100 des droits de douane sur les eaux-de-vie et vinaigres, de 35 pour 100 des droits d'accise sur les vins, bières, et de 41 pour 100 des taxes postales.

La répartition de ce fonds souleva, en Belgique, bien des réclamations, peu après 1860, date de la suppression des octrois dans ce pays. Il ne s'agissait cependant que d'une somme d'environ 11 millions à répartir entre 178 communes, en raison du montant des impôts directs de chacune d'elles.

D'après la loi du 18 juillet 1860, la part attribuée aux communes belges dans le fonds communal ne pouvait être inférieure au produit net de l'octroi pendant les trois dernières années et devait être proportionnelle au montant de leurs impôts directs. En réalité, cette part ne correspondit guère à l'augmentation des charges de certaines villes qui, pour couvrir les dépenses résultant de cette augmentation, durent alors recourir à des impositions nouvelles (1).

Nous verrons au chapitre des subventions que le système des caisses d'Etat doit être condamné : outre les difficultés insurmontables de répartition qu'il soulève, il entraîne les communes, toujours pressées de participer aux distributions d'un fonds commun, à dissimuler leurs recettes disponibles et à engager des dépenses exagérées.

Ce n'est donc point grâce à la création d'un fonds commun que le problème de la supression des octrois pourrait être résolu. M. Paul-Dubois l'a déjà dit : « Les revenus véritablement et proprement communaux représentent la seule mesure possible, la seule limite effi-

---

1. Bruges ne touchait en 1893 que le minimum alloué en 1860. Dès 1865. Bruxelles établissait des taxes sur les successions, sur les constructions, voitures et augmentait ses centimes. De même, Namur et Liège. (M. Bertrand, *op. cit.*, page 151.)

cace des dépenses communales. C'est chose dangereuse pour toute autorité administrative que des ressources étrangères et gratuites, lorsque l'autorité qui les emploie a devant elle un champ illimité de besoins à satisfaire. Le poids réel des dépenses doit retomber toujours sur ceux-là qui en profitent ; à des services locaux, il faut de toute nécessité des impôts locaux, et à des dépenses communales, des ressources proprement communales » (1).

Or, ces ressources proprement communales nous semblent devoir être fournies par les contributions directes, considérées jusqu'à aujourd'hui comme constituant des impôts d'Etat. Seules, les réformes faites dans ce sens nous paraissent avoir chance d'aboutir, puisque nous avons constaté dans les différents chapitres de cette étude, que les ressources actuellement laissées aux communes sont déjà trop escomptées.

C'est une substitution complète des taxes indirectes générales aux impôts indirects locaux qui, seule, pourrait corriger les résultats désastreux de la suppression partielle ou totale des octrois.

Les impôts directs sont, par nature, les ressources proprement communales qui devraient être affectées aux dépenses communales. C'est grâce à la communalisation des impôts directs que « le poids réel des dépenses retombera sur ceux qui en profitent ».

Il est à remarquer, en effet, qu' « en général, les impôts directs, détestables pour les nations, deviennent excellents pour les villes. Le changement de leur des-

1. M. Paul-Dubois, *op. cit.*, page 152.

tination transforme en qualités leurs pires défauts. Leur franchise devient une garantie contre les gaspillages municipaux, leur brutalité devient une sauvegarde contre l'entraînement même des contribuables moins portés à réclamer des dépenses quand ces dépenses les affectent plus visiblement ; leur inégalité de personne à personne cesse à peu près d'exister puisque les fortunes des personnes d'une même ville sont appréciables grâce à des éléments raisonnables de comparaison : — deux loyers de 4.000 francs, à Paris, peuvent supposer un même revenu ; mais dira-t-on que 4.000 francs, à Paris supposent le même revenu que 4.000 francs de loyer à Alençon ? — Le mode de perception des impôts directs, si imparfait pour l'Etat, devient préférable, parce qu'il est plus simple, pour des administrations inhabiles comme les municipalités. La grosse question de la peréquation, qu'on essaie en vain de résoudre depuis trois quarts de siècle, disparaît. Ici l'exemple de l'étranger peut s'invoquer : c'est à l'impôt direct seul que s'alimentent les paroisses anglaises et les villes allemandes. Bref, on peut regarder comme une vérité scientifique cette affirmation : le meilleur régime fiscal est celui où l'on sait allier judicieusement ces deux catégories de besoins : aux besoins des villes, les impôts directs ; aux besoins de l'Etat, les impôts indirects (1) ».

Aussi, puisque l'abrogation de la loi de 1897 s'impose en raison des critiques formulées plus haut, nous approuvons les dispositions contenues dans une proposi-

1. M. Berthélemy, *La suppression des octrois*, *Revue de Paris*, février 1899, page 889.

tion de loi présentée en février dernier par M. Fleury-Ravarin.

D'après cette proposition (1), en remplacement des droits d'octroi qui seraient entièrement supprimés, l'Etat abandonnerait aux communes l'impôt foncier sur la propriété bâtie, la contribution des portes et fenêtres, et, dans les villes au-dessus de 20.000 habitants, l'impôt des patentes (2). Dans les seules communes où le produit de ces impôts directs serait insuffisant, les munici-palités pourraient demander un supplément de ressources aux taxes ci-après : licences spéciales sur les cafés et restaurants, taxe sur les constructions neuves, taxe sur les chevaux, et s'il était besoin, centimes additionnels aux quatre contributions directes.

Pour compenser dans le budget de l'Etat le produit des taxes abandonnées aux communes, le droit général de consommation sur l'alcool serait porté à 195 francs l'hectolitre et l'Etat serait autorisé à joindre aux deux décimes et demi établis en sus des impôts indirects par les lois des 6 prairial an VII, 23 août 1871 et 30 décembre 1873, un décime supplémentaire nouveau.

Mais il est également un point très important pour la solution du problème actuellement posé. Nous ne consi-dérons dans ce travail que le déficit communal actuel et puisque l'accroissement des droits d'octroi aujourd'hui

1. Voir *Revue municipale*, n° 72, 11 mars 1899, page 1,136.
2. Le produit de ces trois impôts étant évalué à 226.084.413 francs, et le rendement des octrois ayant été en 1898, de 326.143.753 francs, les taxes spéciales ne seraient nécessaires que jusqu'à concurrence de 100 millions.

si onéreux est dû à l'abus des dépenses locales, n'est-ce pas d'abord ces dépenses, trop souvent semblables à des largesses, qui devraient être réduites grâce à de sévères économies ?

C'est ainsi que, pour nous, la réforme des octrois est moins encore une question de recettes supplétives qu'une question urgente de réduction de dépenses.

. Certes, les droits d'octroi sont exagérés, mais ils représentent aujourd'hui une source de recettes que, grâce à l'insouciance de l'Etat, l'engagement de dépenses communales considérables a rendu indispensable.

Pourquoi le pouvoir central n'a-t-il pas tout d'abord maintenu, en fait, aux taxes principales d'octroi le caractère exceptionnel qui leur a été toujours reconnu en l'interdisant aux communes de faible importance (1) ?

En outre, depuis longtemps, les maximums établis auraient dù être observés, et le pouvoir législatif aurait pu, avant de pousser à la suppression des taxes principales d'octroi sur les boissons hygiéniques, interdire toute surtaxe d'octroi aux communes, en repoussant leurs demandes sur ce point. C'est lorsque le mal a été causé qu'il vient enlever aux communes une source importante de revenus.

Concluons.

L'Etat n'a pas su éviter le danger que l'aggravation de leur dette crée aux communes ; il n'a pas voulu mo-

---

1. N'a-t-il pas, quant aux taxes principales d'octroi, poussé à leur établissement et à leur extension, en les désignant comme devant subvenir aux dépenses d'enseignement (prélèvement du 1/5), et, dernièrement, en matière d'assistance médicale ?

dérer les désirs des conseils municipaux se hâtant d'opérer des travaux considérables hors de proportion avec
les ressources normales des villes dont l'administration
leur est confiée. Il y a plus. Nous allons voir dans la
section suivante que l'Etat a fait tous ses efforts pour
lancer les communes dans la voie périlleuse des dépenses
exagérées.

Aprés avoir laissé croître démesurément les charges
communales, le pouvoir législatif impose maintenant
la diminution et pousse à la suppression de la plus importante des ressources locales ! Cette tentative préma-
turée de réformes menace la situation déjà critique des
communes.

Et, sans réparer, fût-ce partiellement, le désordre dont
il a été l'instigateur, l'Etat s'arrange même pour profiter
d'une situation nouvelle, qui laisse, ainsi qu'on l'a dit à
la Chambre, « les finances communales en l'air ! »

SECTION V.

Subventions de l'Etat.

§ 1. — *De l'importance respective de quelques recettes
accidentelles communales.*

Le dernier paragraphe de l'article 134 de la loi de 1884
fait rentrer dans les produits extraordinaires communaux « toutes les autres recettes accidentelles » que n'indiquent pas les paragraphes précédents du même article.

On comprend que ces autres recettes, par suite de leur diversité même et de leur caractère très accidentel, ne puissent être souvent que difficilement prévues lors de l'établissement des budgets ; citons par exemple, les dommages-intérêts accordés aux communes à la suite d'actions judiciaires, ou bien encore, les débets mis à la charge des comptables municipaux lorsque ceux-ci ont été condamnés par la Cour des Comptes ou par les Conseils de préfecture.

Mais il est d'autres ressources qui sont comprises aussi dans les termes du dernier paragraphe de l'article 134 et qui peuvent être cependant plus régulièrement escomptées par les conseils municipaux dans les prévisions de leurs budgets. Ce sont les subventions accordées aux communes, soit par les particuliers (à titre de concours à des dépenses d'utilité communale ou à la suite de dégradations extraordinaires causées aux chemins vicinaux ou ruraux), soit par les départements pour certains services d'assistance ou de voirie, soit enfin par l'Etat, notamment en matière d'enseignement, de voirie et d'assistance (1).

Ce sont les règles observées aujourd'hui pour la répartition de ces dernières subventions que nous devons

1. Notons, pour mémoire, les subventions accordées par l'Etat en faveur des édifices religieux communaux, depuis le décret du 30 septembre 1807 (Voir loi du 10 août 1871, article 60, et loi du 20 mars 1883, article 10, § 5 ; et quant aux formalités à remplir par les communes : Circ. min. des cultes, 29 juin 1841, 5 janvier 1880, 20 janvier 1881, 12 janvier 1882). Ces subventions figuraient au budget de 1860 pour 8.500.000 francs et n'étaient plus inscrits au budget de 1877 que pour 4 millions. (*Statist. financière des communes en 1877*, page 19).

étudier, puisque nous envisageons dans ce travail le rôle de l'Etat en matière de finances communales.

Mais il importe, auparavant, de présenter l'historique des subventions que l'Etat accorda aux communes, car nous verrons ainsi comment ces dernières ont été, malgré elles, amenées à contracter des emprunts considérables qui grèvent encore actuellement leurs budgets.

Si, aujourd'hui, l'importance des subventions annuelles de l'Etat (celles accordées pour la construction des chemins vicinaux et des écoles varient de 5 à 8 millions) (1) est faible par rapport au total général des recettes communales, il n'en fut pas toujours ainsi ; jusqu'à une époque récente, des sommes considérables furent votées par le Parlement afin de pousser les communes à accélérer le mouvement scolaire et vicinal, puisque, de 1868 à 1892, les subventions en faveur des chemins vicinaux s'élevèrent à 316.186.250 francs et, de 1878 à 1888, celles en faveur des constructions scolaires à 216.086.682 francs.

§ 2. — *Formes diverses des allocations de l'Etat.*

Si l'Etat est trop souvent enclin à se désintéresser des charges locales, il a été néanmoins obligé, par la force même des choses, de prendre sa part des dépenses qui concernent certains services publics dont le bon fonc-

---

1. Elles étaient de 7.400.000 francs en 1897 et en 1898 pour le service de la vicinalité ; de 5.000.000 en 1897 et de 5.733.519 francs en 1898 pour le service des constructions scolaires (enseignement primaire). (Lois de finances du 29 mars 1897 et du 15 avril 1898).

tionnement l'intéresse. L'impuissance des communes à
fournir, à elles seules, la totalité des dépenses considérables nécessités par les services de la voirie vicinale, de
l'enseignement et de l'assistance, est incontestable. Puisque les dépenses de ces services qui sont d'un grand intérêt public, n'ont pas été supportées, dès l'origine en
totalité par le pouvoir central (on sait qu'il a récemment
pris à sa charge certaines dépenses du service de l'enseignement), il est du moins indispensable que l'Etat fa-
cilite l'effort commun des communes et des départements.
Nous dirons même que cette assistance constitue pour
lui un devoir.

La participation de l'Etat aux dépenses communales
peut être réalisée de deux modes différents souvent désignées tous deux sous le terme générique de *subventions*.

C'est ainsi que dans certains pays étrangers, les allocations de l'Etat aux communes consistent en une quote-
part du produit des impôts généraux. — Mais ce mode
de secours est ordinairement nécessité par une augmentation des dépenses communales en général, augmentation que n'a point suivie un accroissement corré-
latif de recettes. Ces allocations de l'Etat qui ne sont pas
alors affectées à certains services spéciaux, mais à toutes
les dépenses communales considérées en bloc, sont plus
volontiers appelées *dotations*. La Belgique et l'Angleterre nous offrent aujourd'hui des exemples très nets de
semblables dotations qui sont devenues nécessaires en
Belgique par suite de la suppression des octrois communaux, opérée comme nous l'avons vu, en 1860. En

Angleterre, depuis 1888, pour remplacer les subsides ou *grants in aid* (subventions proprement dites) qu'il attribuait aux autorités locales depuis 1833, l'Etat concéda à celles-ci une part de certains droits indirects ou successoraux, une part du produit des droits de licence, et les 4/10 du revenu des droits de *probate* ou d'homologation des testaments.

Nous avons signalé au chapitre précédent à propos de la réforme des octrois en Belgique, les difficultés de répartition que soulève l'application de ce système de dotations.

Aussi le deuxième mode de secours, celui qui affecte spécialement à certains services locaux les sommes allouées par l'Etat, nous paraît préférable, car il permet de mieux apprécier les besoins particuliers des communes à secourir. Cette spécialisation des allocations est donc sage. Mais de graves difficultés n'en restent pas moins soulevées par la répartition des subsides. Il importe, en effet, que ces répartitions soient, dans chaque service, basées sur des règles fixes et précises, c'est-à-dire proportionnées aussi rigoureusement que possible, aux dépenses et aux facultés des communes.

C'est ainsi que le système des subventions sans condition, suivi dans d'autres pays, notamment aux Etats-Unis par le fonds scolaire (*school fund*) et en Belgique et en Autriche, où l'Etat supporte tout l'excédent des dépenses communales concernant l'enseignement scolaire, doit être rejeté.

Le pouvoir central parut plus prudent en France, car la loi du 11 juillet 1868 pose en principe que la participation de l'Etat aux dépenses de la voirie vicinale sera établie « eu égard aux besoins, aux ressources et aux sacrifices de chaque commune ».

Le détail des subventions accordées par l'Etat français dans les services de voirie et d'enseignement va nous montrer si cette règle générale suffit pour établir une juste répartition et si les difficultés auxquelles se sont heurtées les administrateurs n'ont point fait souvent dégénérer en dangers les bienfaits de l'Etat.

§ 3. — *Subvention de l'Etat pour dépenses de vicinalité.*

C'est pour l'achèvement et le développement du réseau vicinal, développement indispensable aux progrès de l'industrie et de l'agriculture, que l'Etat dut, comme la plupart des autres gouvernements européens, se lancer franchement dans la voie des subventions.

La loi du 21 mai 1836 sur les chemins vicinaux est muette sur cette aide financière de l'Etat. (L'article 11 de cette loi laissait aux seuls départements la charge de subvenir à l'insuffisance des ressources communales) (1). Mais, en 1848, un crédit de 6 millions fut ou-

1. Rappelons que, d'après la loi du 21 mai 1836, l'entretien des chemins vicinaux ordinaires est à la charge exclusive des communes ; celui des deux autres catégories de chemins est assuré par les départements, au moyen : 1º des contingents que lui versent pour chaque chemin les communes qui y sont déclarées intéressées ; 2º des crédits qu'ils ajoutent sur leurs propres ressources en cas d'insuffisance des contingents communaux.

En ce qui concerne les dépenses de construction, les communes reçoivent pour les chemins vicinaux ordinaires des subventions de

vert par décret du 26 septembre, au Ministre de l'Intérieur pour les chemins vicinaux ordinaires et de grande communication. Un autre crédit de 25 millions à répartir en sept années fut alloué, en 1861, pour les chemins vicinaux d'intérêt commun.

L'aide de l'Etat n'était certes pas alors exagérée et les départements assez riches pour activer, dans ces conditions, leurs travaux de vicinalité communale étaient fort peu nombreux.

Ainsi que le fait remarquer M. Ducrocq, « par suite de la très grande différence des ressources d'un département à l'autre, les départements ne pouvaient marcher du même pas dans le développement et l'achèvement de leurs voies vicinales » (1).

En conséquence, une loi du 11 juillet 1868 sur l'achèvement des chemins vicinaux ouvrit aux communes une subvention de 100 millions payables en dix annuités et destinée à l'achèvement des chemins vicinaux ordinaires. (art. 1er). (Une autre subvention de 15 millions était affectée par l'article 2 à l'achèvement des chemins vicinaux d'intérêt commun).

Un décret en Conseil d'Etat devait répartir ces annuités de 10 millions entre les départements et dans chaque département, le conseil général était chargé de la répartition entre les communes.

Notons ici que cette loi établissait un double concours de l'Etat ; dont l'intervention financière se manifestait

---

l'Etat, du département et des particuliers et en font elles-mêmes l'emploi ; pour les autres chemins, elles ne participent aux dépenses que par des subventions versées au département.

1. Ducrocq, *Cours de Droit administratif*, 6e édition, n. 1379.

sous forme : 1° d'une subvention directe de 100 millions ;
2° d'une subvention indirecte, car l'art. 6 créait une
caisse spéciale, dite « Caisse des chemins vicinaux » qui,
pendant quinze ans, devait, jusqu'à concurrence de
200 millions, procurer aux communes des prêts à un
taux minime et recevait de l'État la différence des annuités dont elle déchargeait ces communes. L'organisation
de cette caisse sera résumée, lorsque nous nous occu-
perons des emprunts communaux.

Dans quelle proportion cette loi du 11 juillet 1868 fai-
sait-elle participer l'État aux dépenses du réseau des
chemins vicinaux ordinaires ? Et tout d'abord, quel était
le nombre des kilomètres de chemins à construire ?

Les travaux préparatoires de la loi font ressortir ce
nombre à 354.000 kilomètres. Mais, pour permettre,
avec une apparence de raison, l'achèvement du réseau
vicinal, le pouvoir central avait diminué successivement
le nombre des kilomètres des chemins antérieurement
classés. L'utilité des chemins déclassés n'en subsistait
cependant pas moins.

Alors que la longueur totale des chemins vicinaux à
construire avait été fixée en 1836 à 646.000 kilomètres,
cette longueur avait été ramenée en 1841 à 587.000 ;
en 1861, à 382.000 et enfin en 1868, à 354.000.

On arrivait, tout compte fait, à construire des chemins vicinaux en les supprimant. « C'est ainsi, disait
M. Magnin à la tribune, qu'on achève les chemins vicinaux en en réduisant la longueur et le nombre » (1).

1. *Moniteur universel*, 9 juin 1868, page 801.

Cette première remarque une fois faite, et elle a bien son importance, quelles étaient, en définitive, les charges assumées par l'Etat pour la construction des 354.000 kilomètres restants ?

Lors de la discussion de la loi de 1868, les dépenses nécessitées par la construction et l'entretien des chemins vicinaux étaient évaluées à 841 millions, dont 589 millions pour la construction et 252 millions pour l'entretien pendant dix ans des chemins déjà construits et de ceux à construire. L'Etat ne fournissant directement, comme nous l'avons vu, qu'une somme de 100 millions, n'allouait en moyenne à chaque commune qu'une somme de 333 fr. 33 par an, soit 3.333 francs pour dix ans. Le résultat était maigre, en comparaison du chiffre des dépenses qui restaient, pour la construction, à la charge des communes, et qui s'élevaient à 741 millions.

Pour couvrir ces 741 millions, l'exposé des motifs de la loi comptait, tout d'abord, sur l'excédent des revenus odinaires des communes (excédent détourné ainsi de tout autre usage), sur le vote par les conseils municipaux des 5 centimes spéciaux et des trois journées de travail autorisées par la loi du 21 mai 1836, et des 3 centimes spéciaux autorisés par la loi du 24 juillet 1867.

En supposant que les recettes communales répondissent bien au maximum que l'on prévoyait, il restait encore à couvrir un déficit de 511 millions.

Aussi les départements étaient-ils invités à fournir des subventions dont le total devait s'élever à 100 millions. Pour les 400 millions restants, les communes, cependant déjà reconnues très pauvres, étaient sollicitées de voter des centimes extraordinaires.

Ces instigations de l'Etat auraient été excusables, si, grâce aux sacrifices des communes, les chemins vicinaux avaient été réellement terminés en dix ans. Le commissaire du gouvernement en prenait devant le Corps Législatif l'engagement formel : « Des calculs très sérieux, établis sur les relevés des départements, démontrent que la combinaison des diverses ressources dont le Corps Législatif me dispensera de lui faire passer les chiffres sous les yeux, permet de combler le déficit que nous avons fait ressortir à 510 millions pour l'achèvement des chemins vicinaux » (1).

C'était donc bien l'achèvement des chemins vicinaux qui était promis, et le titre même de la loi le prouve. Est-ce à dire que le gouvernement qui proposait de semblables dépenses n'en voyait pas lui-même l'insuffisance ? Nous ne le pensons pas, car celle-ci n'était que trop certaine, en sorte que les représentants de l'opposition pouvaient dire que la loi portait un titre trompeur et que son seul effet était de donner aux dépenses communales, dans un but plutôt politique, une impulsion dangereuse par son exagération même.

« Cette loi, disait à M. Paul Bethmont au Corps Législatif, a pour but bien moins de donner aux communes 100 millions que de les amener à en dépenser 400 » (2), car l'on avait déjà calculé que les 25 millions donnés par l'Etat, comme nous l'avons vu, en 1861, pour l'achèvement des chemins vicinaux avaient poussé les communes à dépenser dans ce but une somme quatre fois plus forte.

1. *Moniteur universel*. 10 juin 1863, page 809.
2. *Moniteur universel*, 9 juin 1868, page 802.

Ce qui se passa par la suite vint d'ailleurs démontrer combien les critiques de l'opposition gouvernementale étaient fondées. Les communes répondirent à l'appel de l'Etat et réalisèrent dans leur ensemble les recettes prévues (au prix de sacrifices qu'elles s'imposèrent assez involontairement) ; mais les évaluations des dépenses prévues par la loi de 1862 furent bientôt dépassées.

En 1879, lors de la discussion de la loi du 10 avril qui dut augmenter de 300 millions la dotation de la caisse des chemins vicinaux, il fut établi que les 600.000 kilomètres du réseau vicinal auraient coûté au pays 4 milliards et demi.

Quant à la construction des nouveaux chemins, elle nécessitait encore, au moins 702 millions et leur entretien exigeait 322 millions, soit en tout 1 milliard 24 millions de francs, au lieu de 841 millions, chiffre auquel s'arrêtait le total des dépenses prévues par les orateurs du gouvernement impérial.

Les communes ont donc été trompées, puisqu'elles ont engagé des dépenses considérables sur la promesse que ces dépenses leur permettraient l'achèvement de leur réseau vicinal, et cela par la faute de l'Etat, dont les prévisions ont été établies sans base certaine. L'Etat ne devrait-il pas se rendre tout au moins compte que l'exécution simultanée des travaux dans tout le territoire augmenterait le prix de la main-d'œuvre dans de très notables proportions ?

Nous croyons d'ailleurs que l'erreur de l'Etat est d'autant plus coupable qu'elle a été volontaire et que les adversaires du projet de loi ont exactement signalé le véritable but politique du gouvernement.

Règles anciennement suivies pour la répartition des subventions pour travaux de vicinalité. — Si l'insuffisance manifeste des subventions promises en 1868 empêcha d'atteindre le résultat promis aux communes, la répartition de ces subventions fut-elle au moins équitable ?

L'article 2 de la loi de 1868 semble, pour déterminer cette répartition, suivre une règle sage, déjà établie d'ailleurs, par la loi de 1836, quant aux subventions départementales, décidant que la répartition devait être faite entre les communes « eu égard à leurs ressources, à leurs « sacrifices et à leurs besoins ».

Mais la loi de 1836 ne précisait pas quelle devait être l'étendue de ces ressources, de ces sacrifices et de ces besoins. Ces termes trop généraux n'offraient pas d'inconvénients bien graves, puisque les subventions que cette loi ouvrait aux communes étaient circonscrites par départements et ne comprenaient que des sommes minimes, variant entre 20.000 et 40.000 francs.

Les crédits plus importants ouverts par la loi de 1868 obligaient à une précision plus grande, afin que chaque commune pût déterminer à l'avance la part qu'elle devait obtenir à titre de subvention, et par cela même déterminer le quantum des dépenses qui restaient à sa charge personnelle. « Comment, disait M. Magnin, combinerez-vous ces trois termes : les besoins, les ressources, les sacrifices ? Ferez-vous entrer chacun de ces éléments dans votre répartition ? Laisserez-vous de côté les ressources, et ferez-vous la distribution en raison des sacrifices, en laissant de côté les deux autres éléments, les besoins et les ressources (1) » ?

« L'arbitraire peut s'introduire dans la répartition si on peut combiner à volonté les trois éléments de répartition, il est évident que vous donnez place à la faveur.

« Pour rendre plus saisissante ma pensée, je demande la permission d'adresser à la commission une simple question.

« Je prends deux communes qui ont chacune 6 kilomètres de chemins vicinaux à faire dans la première catégorie où ils ont été classés en raison de leur urgence. La construction de ces 6 kilomètres, d'après les chiffres indiqués par le gouvernement, exige en chiffre rond 25.000 francs. A 4 fr. 20 le mètre, 6.000 mètres donnent 25.000 francs.

« La première de ces communes a en caisse une somme disponible de 10.000 francs. Pour parfaire les 25.000 francs qu'elle doit dépenser après avoir appliqué aux chemins les ressources déterminées par la loi de 1836 et par les lois municipales, elle sera obligée de s'imposer 10 centimes extraordinaires. Elle fait ce sacrifice, et ainsi elle peut, en 10 ans, sans faire d'emprunt, simplement en s'imposant extraordinairement, arriver à faire et à mettre en état de viabilité ses 6 kilomètres de chemins.

« A côté d'elle se trouve une seconde commune, qui a la même longueur de chemin à faire, la même dépense à y appliquer, qui n'a pas de ressources disponibles dans sa caisse, mais qui, à raison de son importance, ne sera

1. *Moniteur universel,* 11 juin 1868, page 815.

obligée de s'imposer que 5 centimes extraordinaires pour créer, en 10 ans, 25.000 francs et faire ses 6 kilomètres de chemin.

« Dans quelle proportion répartirez-vous la subvention entre ces deux communes ? La première aura-t-elle plus que la seconde ? la seconde aura-t-elle plus que la première ? Il est impossible que vous me l'indiquiez, vous n'en savez rien ; j'ajoute : vous ne pouvez pas le savoir. Dans un cas vous répartirez en raison des sacrifices, dans un autre en raison des besoins, dans un troisième en raison inverse des ressources (1). »

Nous regrettons avec M. Magnin qu'avant de s'engager dans des dépenses qui devaient grever si lourdement leurs budgets à venir, les communes n'aient pu déterminer le chiffre exact des subventions qui devaient alléger leurs dettes alors que les amendements de MM. Guillaumin et Magnin permettaient cependant aux communes ces déterminations préalables.

M. Guillaumin précisait les besoins et les ressources qui devaient servir de base au calcul des subventions. Les éléments des besoins étaient, disait-il, la longueur du chemin, les frais de construction et la densité de la population. De même, les ressources étaient suffisamment déterminées si les annuités devaient être réparties « en raison inverse du centime départemental et des choses imposables à la prestation ».

La commission reprocha au système de M. Guillaumin, de poser des bornes trop étroites, trop exactes, enfin de proposer un amendement « trop mathémati-

1. *Moniteur universel*, 11 juin 1868, page 815.

que » ; comme si, en matière de finances, le calcul était dangereux et comme s'il était blâmable de baser une répartition sur des données précises (1) !

De même qu'il rejeta l'amendement de M. Guillaumin, le Corps législatif repoussa l'amendement de M. Magnin. Celui-ci préconisait cependant le système adopté pour la répartition du crédit de 25 milllons ouvert par la loi de 1861, pour les chemins vicinaux d'intérêt commun.

Une circulaire du Ministre de l'Intérieur du 16 août 1862 avait en effet divisé ce crédit en deux parts : l'une était répartie également entre tous les départements, l'autre, attribuée au *prorata* des sacrifices que ces départements s'imposeraient.

Ce sont ces sacrifices qui étaient précisés par M. Magnin, car cette deuxième moitié de la subvention devait être répartie entre les communes et les départements *au prorata* du nombre des centimes extraordinaires et facultatifs que les départements et les communes s'imposeraient pour achever leur réseau vicinal. Ce système ne pouvait donner lieu à aucun arbitraire.

« Chaque commune, disait M. Magnin, saura, lorsque la répartition de la première moitié par portion égale aura été faite, ce qu'elle obtiendra dans cette première

---

1. Dès 1870, un amendement au budget démontrait que le Ministre de l'intérieur ne pouvait contrôler efficacement l'emploi des fonds mis à sa disposition et constater les résultats obtenus au moyen de ces fonds et, plus tard, l'exposé des motifs de la loi du 10 avril 1879, constatait l'impuissance de l'administration quant au contrôle de l'emploi des allocations de l'Etat (Exposé des motifs de la loi du 10 avril 1879. *Journal officiel*, 20 mai 1878, n. 634, page 5.194.)

moitié. Les communes sauront que, si elles s'imposent des sacrifices pour achever leurs chemins vicinaux, en additionnant le nombre des centimes facultatifs et extra-ordinaires qu'elles se seront imposés, et qu'elles auront affectés uniquement et spécialement à l'achèvement de la vicinalité, elles ont droit à une nouvelle subvention venant s'ajouter à la première.

« Il y a là une base fixe, une base déterminée, une base invariable, il n'y aura plus qu'un calcul à faire, une proportion à établir, et les communes qui recevront cette subvention ne pourront se plaindre que l'on ait mal combiné ces trois éléments : les sacrifices, les besoins et les ressources, et elles sauront qu'elles ont à toucher une somme fixe. Avant tout, quand l'Etat donne une subvention, il faut qu'il la donne d'une façon juste et équitable (1). »

A ces graves objections, le Commissaire du gouvernement répondit que l'expérience seule instruirait l'administration supérieure des inconvénients que pourrait présenter la répartition des annuités, et que, grâce aux leçons de cette expérience, le gouvernement adopterait chaque année des proportions de plus en plus justes. Il ne niait pas cependant l'arbitraire ainsi laissé entre les mains du pouvoir exécutif, mais il se consolait facilement en rappelant que cet arbitraire serait maintenu par le contrôle du Conseil d'Etat et du Corps Législatif (2), bien que ce dernier contrôle dût s'exercer assez tardivement.

1. *Moniteur universel*, 11 juin 1868, page 816.
2. « Maintenant, disait le Commissaire du gouvernement, pourquoi n'a-t-on pas indiqué des proportions fixes pour ces divers élé-

Le Corps législatif préféra voter le texte primitif de la loi, et donner carrière à l'arbitraire gouvernemental. Il a permis ainsi de dire « qu'en poussant de toutes ses forces au développement des voies de communication dans les campagnes, il obéissait en cela à des influences politiques en même temps qu'au légitime désir de favoriser les intérêts agricoles » (1).

En 1879, le gouvernement reconnut lui-même que les

ments des besoins, des ressources et des sacrifices? Pourquoi ces proportions ne sont-elles pas indiquées d'une manière mathématique par la loi? Messieurs, par une raison bien simple, c'est qu'à cet égard, de même que l'expérience a instruit le gouvernement et la Chambre des inconvénients du système adopté en 1861, de même l'expérience pourra instruire l'administration supérieure et le Conseil d'Etat, qui seront appelés à reviser la répartition, des inconvénients que pourrait avoir la répartition de la première annuité : il est possible que la répartition de la première annuité ne fasse pas un appel suffisant aux sacrifices, il est possible qu'elle ne donne pas assez aux départements et aux communes pauvres. Eh bien, chaque année, le gouvernement, sous le contrôle du Conseil d'Etat, appréciera la situation et adoptera les proportions les plus propres à arriver au résultat que nous désirons tous. L'honorable M. Magnin dira peut-être : Mais c'est l'arbitraire entre les mains du gouvernement? Eh bien, c'est un arbitraire contenu et maintenu de plusieurs manières : d'abord par la disposition de la loi qui indique les principes d'après lesquels la répartition directe devra s'opérer ; en second lieu, par l'intervention du Conseil d'Etat, qui sera appelé chaque année à contrôler le travail du gouvernement, à y participer, et à distribuer entre les départements la part qui leur sera attribuée.

« Enfin, messieurs, ce premier contrôle du Conseil d'Etat étant intervenu au moment de la répartition de l'annuité, l'année suivante il y aura au second contrôle ; le Corps Législatif se rendra compte des résultats ; chaque année, au moment où un rapport spécial lui aura été communiqué, il pourra signaler les griefs qu'auraient à faire valoir les divers départements ». (*Moniteur universel*, 11 juin 1868, page 816.)

1. M. Acollas, *op. cit.*, page 84.

communes avaient répondu à l'appel qu'il leur avait adressé en 1868 et que, cependant, leurs sacrifices étaient encore insuffisants.

De son côté, l'Etat, si trompé dans ses prévisions et si injuste dans sa répartition, a-t-il, au moins, rempli telles quelles les promesses qu'il avait faites ?

Nous signalerons ici, au contraire, un manquement grave aux véritables engagements pris vis-à-vis des communes, manquement que n'excuse pas le désarroi que la guerre de 1870 avait causé dans nos finances.

En effet, cinq ans après la loi de 1868, une loi du 25 juillet 1873 réduisit à 5 millions l'annuité de dix millions promise aux communes.

Le total de ces subventions devait donc être réalisé non en 1878, mais seulement en 1882. Pour expliquer ce retard, le Ministre des Finances, M. Magne, exposa qu'afin d'équilibrer le budget de 1873, l'Etat devait, soit établir de nouveux impôts, soit réaliser des économies (1). Ce deuxième procédé lui paraissait préférable ; c'est, en effet, celui qu'il convient de recommander aux Chambres, pourvu qu'il ne soit pas employé au prix d'une injustice ; or, M. Cochery, lors de la discussion de la loi, fit ressortir qu'«en matière de finances, il y a deux sortes de crédits : les crédits qui dépendent annuellement du vote de l'Assemblée et qui s'inscrivent tous les ans au budget, lors de la discussion de la loi de finances. Dans ces crédits, ajoutait M. Cochery, figurent, par exemple, les subventions accordées aux entreprises théâtrales. Vous avez le droit de les examiner, de les rejeter ou de les

____

1. *Journal officiel*, Chambre, 26 juillet 1873, page 5.033.

admettre, vous n'êtes jamais engagés que pour l'exercice. Il y a, au contraire, les crédits qui sont le résultat d'engagements pris par vous, payables par annuités, et qui sont inscrits dans le budget à simple état d'enregistrement. Ces crédits, vous n'avez plus à les discuter, vous les constatez en conséquence des engagements dont ils découlent... Ces crédits, vous ne pouvez plus, vous ne devez plus les discuter ; vous n'avez, comme je le disais tout à l'heure, qu'à les enregistrer ; le respect des conventions l'exige. Eh bien, je dis que l'engagement pris en 1868 vis-à-vis des communes n'est pas autre chose qu'un engagement de cette nature, engagement définitif et auquel il n'est pas possible de se soustraire, soit en le diminuant, soit en ajournant les époques de ses échéances. Vous n'avez plus le droit de le discuter... (1) ».

C'est bien là le caractère juridique qu'il faut reconnaître aux subventions et ce sont bien là les conséquences qu'il est indispensable de tirer de ce caractère, sous peine de mettre en grand danger les finances départementales ou communales (2). Il fut cependant répondu à M. Cochery qu'en droit privé, la loi permettait aux juges d'accorder, en certains cas, des délais de grâce aux débiteurs malheureux et de bonne foi et qu'à cette

1. *Journal officiel*, 26 juillet 1873, page 5,034.
2. « Tout à l'heure, M. le Ministre des finances nous disait : « L'engagement de 1868 est purement un don, on peut modifier le don que l'on a fait ». M. le Ministre des finances a été un trop éminent avocat, un trop grand jurisconsulte pour qu'il puisse contester que, quand une donation a été acceptée dans les formes, elle est obligatoire pour celui qui a fait le don, comme pour celui au profit duquel elle a été consentie ». (*Journal officiel*, 26 juillet 1873, page 5.035. Réponse de M. Cochery.)

époque l'Etat était forcé par les circonstances d'espacer
ses paiements.

Nous pensons que le juge, sollicité d'accorder un délai
de grâce au débiteur, examine aussi la situation dans laquelle ce délai mettra le créancier. Or, dans l'espèce,
grâce aux promesses d'annuités faites par l'Etat, les communes avaient consenti des emprunts et des traités dont
elles durent à leur tour demander la prorogation, sans
compter qu'elles rompaient les engagements moraux
qu'elles avaient pris vis-à-vis de la population. (1)

D'ailleurs, en droit privé il y a un juge impartial qui
décide, et ici, c'est le débiteur qui s'arroge le droit au
terme de grâce : c'est ce même débiteur, qui avait poussé
les communes, ses créancières, à hâter l'exécution simultanée de leurs travaux et la conclusion de leurs engagements. C'est lui qui, maintenant, se dérobait.

*Règles actuellement suivies pour la répartition des
subventions.* — Arrivons maintenant aux règles actuellement observées pour la répartition des subventions en
matière de vicinalité.

C'est aux conseils généraux que l'article 46 de la loi du
10 août 1871 confère le droit de répartir dans chaque dé-

1. Le rapporteur de la commission se bornait à espérer que les
communes parviendraient à concilier leurs obligations avec la situation qui leur était faite par la loi et le Ministre donnait ces conseils,
un peu tardifs, aux conseils municipaux : « Il s'agit seulement de
« dire aux communes : « Faites comme nous, n'entreprenez pas tout
« à la fois, consultez vos forces, et tenez compte de celles de l'Etat,
« ralentissez un peu vos travaux ». (*Journal officiel*, 26 juillet
1873, page 5.034.

partement les subventions accordées aux chemins vicinaux de toutes catégories.

D'après le décret du 3 juin 1880, les subventions de
80 millions à allouer en trois années aux communes et
aux départements en vertu de l'article 4 de la loi du 12
mars 1880 étaient distribuées entre les communes en ne
tenant compte que de la portion à couvrir à l'aide de leurs
ressources extraordinaires, et en raison inverse de la valeur de leur centime.

Ainsi, tandis que, d'après la loi du 11 juillet 1868, les
subventions étaient presque exclusivement consenties
en proportion des sacrifices consentis, et que, par conséquent, les communes les plus riches profitaient surtout
de l'assistance de l'Etat (puisqu'elles seules pouvaient
s'imposer les lourdes charges en proportion desquelles les subventions de l'Etat étaient attribuées)
l'article 1er du décret du 3 juin 1880 établissait équitablement que ces subventions seraient d'autant plus fortes
que les communes sont plus pauvres. D'ailleurs, des barêmes (tableaux A et B) annexés à ce décret, permettaient aux conseils municipaux d'établir à l'avance et
mathématiquement (selon le désir exprimé par M. Magnin en 1868), la portion de la dépense à couvrir au
moyen de ressources extraordinaires et celle incombant
à l'Etat et au département.

La loi du 11 juillet 1868 et le décret du 3 juin 1880
offraient cependant l'inconvénient d'être contrariés dans
leurs effets par le jeu des subventions indirectes accordées sous forme de réduction d'intérêts aux communes se trouvant dans la nécessité d'emprunter à la
Caisse des chemins vicinaux créée par la loi de 1868. En

effet, si les subventions indirectes étaient d'après, le décret de 1880, accordées inversement à la richesse relative des communes les subventions indirectes étaient directement proportionnelles à l'emprunt lui-même, c'est-à-dire inversement proportionnelles aux subventions directes que l'emprunt devait compléter. C'est pourquoi l'on constatait que les communes les plus pauvres qui figuraient dans la première classe des tableaux annexés au décret de 1880 recevaient en subvention directe 80 0/0 des dépenses de construction et ne bénéficiaient des avantages de la caisse des chemins vicinaux, c'est-à-dire de la subvention indirecte, que dans la limite des 20 0/0 restants : les villes les plus riches, au contraire, ne recevaient, d'après le décret de 1880, que 10 0/0 de subvention directe et participaient aux emprunts dans la mesure de 90 0/0.

M. Cochery avait, en 1893, fait ressortir « l'incohérence de cette double conception » dont les conséquences apparaissaient dans le tableau de la répartition des prêts communaux, car « on y constate que les prêts moyens, et par conséquent, les bénéfices moyens sur la réduction du taux, sont vingt fois plus considérables pour les communes les plus riches que pour les communes les plus pauvres, et que les 143 communes emprunteuses, appartenant au groupe dont le centime kilométrique dépasse 9 francs, ont reçu un capital très sensiblement supérieur à celui prêté aux 2.139 communes qui appartiennent aux deux groupes les plus pauvres » (1).

Le règlement d'administration publique du 4 juillet

1. Crisenoy, Travaux des conseils généraux. A. 1895, IX, *Voirie*, page 378.

1895 apporta au décret de 1880 des modifications qui compensent dans une certaine mesure le préjudice jusqu'alors causé aux communes pauvres par le jeu de la loi de 1868, et, quant aux chemins vicinaux ordinaires, établissent entre les communes des catégories basées non plus à raison de la valeur du centime global, mais à raison de la valeur kilométrique de ce centime.

Malheureusement, cette équitable répartition ne porte aujourd'hui que sur des subventions de 5 à 7 millions puisque la construction de notre réseau vicinal est aujourd'hui à peu près terminé, alors que 316.186.250 francs furent alloués aux communes de 1868 à 1892.

Les résultats bienfaisants de cet achèvement excusent en partie les lourdes charges que l'Etat a suscitées et indirectement imposées aux communes (bien lourdes charges puisqu'en 1879, les dépenses nécessitées par la construction des nouveaux chemins et l'entretien des chemins anciens et nouveaux avaient été évaluées à 4 milliards 500 millions) (1).

Nous allons voir si en matière de dépenses d'enseignement, le résultat obtenu doit nous faire incliner vers une semblable indulgence.

§ 4. — *Subventions de l'Etat pour dépenses de constructions des écoles.*

Parmi les charges communales dont nous avons, au cours de notre introduction, constaté l'accroissement

1. Exposé des motifs de la loi de 1879. *Journal officiel*, 20 mai 1878, n. 634, page 5.193.

pendant la seconde moitié du siècle. celles causées par le développement de l'instruction primaire occupent un rang supérieur à celui de la voirie vicinale elle-même.

On sait que le point de départ de cet accroissement fut la loi du 28 juin 1833 dont l'article 3 décide que « toute commune est tenue d'entretenir au moins une école primaire élémentaire »…. « dans un local convenablement disposé ». ajoute l'article 12.

Cette loi en exemptant de toute rétribution scolaire les enfants pauvres. laissait aux conseils municipaux la charge résultant de cette exemption. Les listes de gratuité, établies dans chaque commune en conformité de ces dispositions. étaient assez courtes jusqu'en 1866 (1), quand la loi du 10 avril de l'année suivante vint donner à ces listes une extension considérable.

L'article 8 de la loi du 10 avril 1867 autorisait les communes à établir elles-mêmes la gratuité absolue moyennant une imposition extraordinaire de 4 centimes additionnels au principal des quatre contributions directes. et ne les admettait qu'à cette condition à participer aux subventions de l'Etat. Grâce à cet encouragement de l'Etat, le nombre des élèves admis gratuitement dans les écoles primaires, nombre qui était fixé en 1833 à 29 0 0 de l'effectif scolaire, s'éleva en 1867 à 57 0 0.

L'impulsion du pouvoir central se manifesta dix ans après sous une autre forme. Une enquête prescrite par une circulaire du 15 juin 1876 et publiée par le ministère de l'Instruction publique en 1877. établissait que 17.320

---

1. Le nombre des élèves admis gratuitement dans les écoles publiques s'élevait alors à 1.767.251. (*Moniteur universel*, 31 mai 1869. Supp., page 3.

maisons d'école restaient à construire, — 5.458 à agran-
dir, — 8.381 à réparer ; et que 19.857 mobiliers scolaires restaient à acquérir. Les communes n'avaient donc
montré que peu d'empressement à construire les maisons d'école qu'une loi du 15 mars 1850 semblait cependant rendre obligatoires (1). Elles objectaient d'ailleurs,
et non sans raison, que les crédits annuels jusqu'alors
accordés d'après la loi de 1866, aux plus nécessiteuses
d'entre elles (crédits qui variaient de 1 [à 5 millions)
étaient manifestement insuffisants.

Aussi, la loi du 1er juin 1878 (art. 14), qui fit expressément figurer parmi les dépenses obligatoires communales
les frais de construction d'écoles et d'acquisition du mobilier scolaire, ouvrit un crédit de 120 millions à titre de
subvention ou d'avance remboursables (2), pour couvrir
une partie de ces dépenses.

Le dangereux moyen employé en 1868 pour activer
les travaux de voirie fut repris afin d'accélérer la cons-

1. La loi de 1850, après la loi de 1833, avait posé le principe
que les communes seraient tenues d' « entretenir » une ou plusieurs
écoles. Mais sous l'empire de la législation de 1850 naissait une
question, celle de savoir si les communes obligées à l'entretien d'une
école, pouvaient être tenues de la « construction » d'une maison
d'école. La négative prévalait généralement par la double raison
que la loi de 1850 n'avait parlé que de l' « entretien » de l'école, et
qu'elle avait en même temps limité les sacrifices des communes ».
(Voir *Journal officiel*, Sénat, 14 mars 1883, page 298.)

2. Les communes savaient bien quel accroissement formidable
de leurs dépenses entraînerait la construction de leurs écoles, puisqu'en 1878, au sujet de leur résistance, le rapporteur de la loi s'exprimait ainsi : « Il n'est pas possible d'admettre que le grand intérêt
social que nous défendons ici puisse être tenu plus longtemps en
échec, dans certaines localités, par l'aveuglement des uns ou par
le mauvais vouloir des autres ». (Exposé des motifs de la loi du 1er
uin 1878).

truction des écoles. Une caisse spéciale fut créée à l'image de la caisse des chemins vicinaux (caisse dont nous résumerons l'organisation au chapitre des emprunts, car nous n'envisageons ici la loi de 1878 que quant aux subventions qu'elle ouvrait aux communes).

D'après l'article 1er de la loi de 1878, la moitié des 120 millions accordés aux communes devait être répartie en cinq annuités et allouée à titre de subvention en vue de l'installation matérielle du service scolaire.

Nous verrons plus loin que l'article 4 du projet, qui exigeait que les demandes de subventions fussent parfois soumises à l'examen d'une commission, fut repoussé « comme pouvant nuire à la rapidité des opérations. »

Une autre disposition de la loi de 1878 montre la hâte que le gouvernement mettait à obtenir des résultats immédiats : le projet de loi accordait aux communes un délai de cinq années pour faire emploi des secours qui leur auraient été accordés. Ces cinq annuités qui devaient « échelonner la répartition du crédit de 60 millions furent ramenées plus tard à quatre, et, comme le chiffre de chacune de ces annuités n'avait pas été fixé à l'avance par la loi, la totalité du crédit fut engagée au bout de deux ans » (1).

Aussi, dès 1881, les nombreuses demandes de subventions des communes nécessitaient le vote de nouveaux crédits que la loi du 16 juin 1881 sur la gratuité de l'enseignement rendit plus indispensables encore (2).

1. *L'Economiste français*, 20 juin 1895, page 847.
2. La loi du 4 juillet 1880 avait alloué une somme de 12 millions de francs, payables en 6 annuités, pour être employée à l'amélio-

L'exposé des motifs de cette dernière loi constatait l'impuissance de l'Etat à arrêter le mouvement qu'il avait fait naître et de ce que les communes s'étaient, grâce à lui, engagées dans une voie dangereuse, il concluait que la gratuité absolue de l'enseignement devait être établie :

« Retourner en arrière n'est, dit l'exposé des motifs de la loi du 16 juin 1881, n'est ni juste, ni possible. Théoriquement, le vieux système de la rétribution scolaire pouvait être défendu : la thèse de l'école payable pour les riches, gratuite pour les seuls indigents, a pu toucher, elle touche encore de bons esprits. Mais pour mettre les faits d'accord avec la théorie, il eût fallu maintenir tout un échafaudage de restrictions et de rigueurs que le courant social a emporté. Ce qui subsiste est quelque chose de bâtard, un système mixte et contradictoire, qui est à la fois complexe et le moins moral, le plus coûteux et le moins logique, celui qui fait la part la plus large à l'arbitraire administratif, au favoritisme local, à la mauvaise comptabilité (1). »

La loi du 16 juin 1881 enlevait donc aux communes les recettes provenant de la rétribution scolaire et les ressources afférentes au service de l'enseignement primaire ne se composaient plus que de 4 centimes autorisés par les lois du 15 mars 1850 et du 19 juillet 1875, rendus obligatoires et d'un prélèvement du cinquième

ration et à la construction des collèges communaux et à l'acquisition du mobilier scolaire de ces établissements. Ce n'est donc pas uniquement en matière d'enseignement primaire que les municipalités furent invitées à augmenter leurs charges.

1. *Journal officiel*, Chambre, 18 février 1880, page 1897.

sur certaines recettes communales (revenus en argent
des biens communaux, taxes sur les chevaux, chiens et
voitures, taxes ordinaires d'octroi, droits de voirie). —
Les conséquences funestes de ce prélèvement furent mises en lumière dès la discussion de la loi par M. Le
Provost de Launay : « La Chambre ne voit-elle pas la
gravité d'une semblable mesure ? Ne voit-elle pas qu'elle
oblige les communes à recourir à l'impôt pour reconstituer leurs ressources amoindries dans la proportion d'un
quart? Le calcul est bien simple. Supposons une commune
à laquelle vous demandez le cinquième des produits de
son octroi qui rapporte annuellement 100.000 francs. Eh
bien, n'est-il pas clair qu'elle est obligée de s'imposer,
non pas d'un cinquième, mais bien d'un quart de ces
100.000 francs ? N'est-il pas clair que, imposée à l'origine
de 100.000 francs elle est obligée de s'imposer de 125.000
francs, sur lesquels vous prélèverez votre cinquième, soit
25.000 francs?

«Oui, je le répète, il faudra que la commune augmente
son octroi d'un quart. Et vous allez voir quelles conséquences singulières absolument contraires à vos vues et
à vos idées, découleront d'une pareille aggravation des
octrois.

« Vous avez beaucoup parlé du dégrèvement des boissons
hygiéniques voté l'année dernière, vous l'avez présenté
comme un bienfait irrévocablement acquis. Eh bien,
aujourd'hui quand vous venez accroître d'un quart l'octroi d'une commune. pouvez-vous dire que vous n'aug-
mentez pas d'un quart la taxe municipale sur les boissons ?
Par conséquent, ce dégrèvement, que vous avez accordé
sur les boissons, et que vous avez tant prôné, ce dégrè-

vement devient illusoire pour une forte part. Vous reprenez d'une main ce que vous avez donné de l'autre.

« J'appelle sur ce point toute votre attention, toute votre loyale sollicitude. Ce n'est pas tout. Vous voulez, dans toutes les communes, vous voulez, dites-vous, assurer désormais la gratuité absolue de l'enseignement ; vous voulez que ce bienfait pénètre également dans les campagnes et dans les villes. Mais prenez garde : non seulement, dans les villes, vous n'apportez plus la gratuité, mais vous la retirez ! Dans les villes, le père de famille ayant quatre enfants les envoie aujourd'hui à l'école avec la gratuité telle qu'elle existe. Ce père de famille paie en même temps, la taxe d'octroi d'après le tarif actuel. Mais, l'année prochaine, quand vous aurez accru d'un quart ces mêmes tarifs de l'octroi, le père de famille continuera, il est vrai, à jouir de la gratuité scolaire pour ses quatre enfants ; toutefois, en même temps, grâce à votre loi nouvelle, grâce à vous, il supportera, par l'augmentation des droits sur les viandes, sur les lois, sur les boissons, une charge nouvelle qu'il ne payait pas auparavant. Vous voyez donc bien que, au lieu de le gratifier d'un bénéfice, par la loi sur la gratuité, vous lui infligez une nouvelle et lourde charge » (1).

Devant ces graves inconvénients que la pratique confirma, la loi de finances de 1883 dut rendre facultatif le prélèvement du cinquième de certains produits communaux, et dès 1884, il ne fut opéré que dans quelques communes, l'Etat allouant chaque année des crédits destinés à le supprimer lentement. (Ces crédits étaient

1. *Journal officiel*, Chambre, 12 juin 1881, pages 1184 et 1185.

de 15 millions en 1882, de 18 millions en 1884, de 14 millions en 1885).

D'autre part, l'insuffisance évidente du produit des centimes communaux spéciaux obligeait l'Etat à augmenter, chaque année, les subventions totales affectées aux frais du personnel (31.296.000 en 1880, et 1 million en 1884). — Aussi, en 1889, la loi du 19 juillet mit à la charge exclusive de l'Etat cette catégorie de dépenses (l'indemnité de résidence exceptée) en faisant rentrer parmi les recettes générales de son budget, les centimes départementaux et communaux spéciaux, créés par la loi du 10 avril 1867.

Mais quant aux dépenses de construction et de mobilier scolaires le système des subventions ne fut point abandonné. Une nouvelle somme de 50.000.000 francs, payable en six annuités à partir de 1882, fut mise à la disposition du Ministre de l'Instruction publique pour augmenter le fond de dotation affecté aux écoles primaires par la loi du 1er juin 1878, (Loi du 2 août 1881, art. 4).

Il nous faut signaler ici, comme nous l'avons déjà signalée pour la voirie vicinale, l'insuffisance des prévisions du pouvoir central quant aux dépenses nécessitées par les constructions scolaires.

L'exposé des motifs de la loi du 2 août 1881 évaluait, d'après une enquête faite en 1879, à 348 millions « la dépense que nécessiterait une installation entièrement satisfaisante du service scolaire dans toutes les communes de France. » — Des chiffres déjà moins précis et bien plus élevés, sont avoués dans l'exposé des motifs de la loi du 20 mars 1883 : « On ne saurait fixer à moins de 700 millions de francs les sommes qui seront nécessaires pour compléter la réorganisation matérielle de l'école. »

La crainte de nouvelles erreurs de calcul n'empêcha pas le vote de la loi du 20 mars 1883 qui oblige les communes à pourvoir à l'établissement de maisons d'école non seulement au chef-lieu de la commune, mais encore dans les hameaux ou centres de population éloignés dudit chef-lieu, ou distants les uns des autres, de trois kilomètres et réunissant un effectif d'au moins 20 enfants scolaires (1).

Aussi, d'après l'article 1er de cette loi, une subvention de 40.000.000 francs, payables en trois annuités, vint s'ajouter à celles votées en 1878 et en 1882, subvention rendue d'autant plus nécessaire que M. J. Ferry, Ministre de l'Instruction publique, avait épuisé en une année la presque totalité des crédits qui, d'après la loi de 1881, devaient être ultérieurement répartis en six annuités. Ce ministre le proclamait, non sans orgueil, à la tribune de la Chambre (2).

---

1. M. Henry Fournier avait proposé un article additionnel très sage, qui ne fut pas adopté, décidant que les écoles ne seraient pas obligatoires avant cinq années dans les communes et hameaux où des écoles libres y suppléaient provisoirement. (*Journal officiel*, Sénat, 17 mars 1883, page 327.

2. M. J. Ferry s'excusait en ces termes : « Mais, disent les uns, vous êtes allés trop vite ; et, disent les autres, vous avez fait trop chèrement. Voilà les deux objections... Nous avons anticipé sur les annuités. Oui, nous avons engagé dès la première année, 6 annuités au lieu d'une... ; j'ai commis ce crime et j'en fais mon *mea culpa*. Seulement, ceux qui me critiquent devraient bien me dire ce qu'ils auraient fait à ma place. Il n'y avait en effet que deux solutions :... Dire aux communes : « Vous repasserez dans trois, quatre, cinq ans » ; mais nous aurions arrêté ce magnifique élan qui est l'honneur de la démocratie rurale à l'heure présente. Messieurs, il

Un tel exemple donné aux communes ne pouvait que les encourager à construire hâtivement, sans plan et sans méthode, des bâtiments scolaires que l'on devait, en conséquence, quelques années après, juger insuffi- antes en bien des localités. C'est leur reconstruction qui s'impose aujourd'hui !

Nous verrons même, quand nous traiterons des em- prunts, que l'article 10 de la loi de 1883 permettait non seulement, ainsi que la loi de 1878, de pourvoir d'office au paiement des dépenses nécessitées par cette loi, mais aussi, au cas où le Conseil général refusait de classer une subvention, d'accorder néanmoins cette dernière par décret rendu après avis du Conseil d'Etat.

Enfin, dans ce même chapitre consacré aux emprunts, nous verrons qu'en 1885, l'Etat trouva excessives les charges résultant pour lui des prêts qu'il consentait aux communes par l'intermédiaire de la Caisse des écoles, et jugea nécessaire la liquidation graduelle de cette

ne faut pas faire ces choses là en France... ; Ou bien ; « Vous n'aurez vos subventions que par annuités et en six années succes- sives » ? Des délais de six ans ! Mais cela se paye très cher aux entre- preneurs ! Cela n'était pas possible, et nous avons ouvert les bras à ce grand mouvement que nous avions provoqué, que nous avions déchaîné. Oui, les agents du ministère de l'Instruction publique ; oui, les préfets ; oui, les inspecteurs primaires ont remué toute cette démocratie rurale, lui ont parlé d'écoles, et elle s'est éveillée à des pensées nouvelles, à de nouvelles ambitions.

« ... Non, Messieurs, nous n'avons voulu rien faire qui pût arrêter ou ralentir ce grand mouvement, et nous vous prions de ne rien faire aujourd'hui qui puisse contrarier ce noble élan parce que vous connaissez ce pays de France : les élans de l'esprit public y sont grands, généreux ; mais si les pouvoirs publics les découragent ou les entravent, ils peuvent disparaître et s'évanouir ». (*Journal offi- ciel*, Chambre, 24 décembre 1882, page 2.161.)

Caisse; en sorte que, par la loi du 20 juin 1885, le système des avances fut abandonné et remplacé par celui des subventions qui se trouva ainsi généralisé.

Aujourd'hui, l'intervention de l'Etat ne se manifeste plus que sous la forme d'annuités accordées aux communes afin de subvenir à une partie des intérêts et de l'amortissement des emprunts nécessités par la construction des écoles. Depuis la loi de 1885, ces subventions sont plus que jamais nécessaires, puisque les emprunts que les communes ne peuvent dorénavant contracter qu'auprès des établissements publics, sont pour elles plus onéreux que.ceux que la Caisse des écoles leur consentait autrefois directement.

Mode de répartition des subventions scolaires. — Nous avons signalé les reproches adressés au gouvernement impérial lors de la discussion de la loi de 1868, dont l'art. 2 lui laissait le soin de répartir les subventions accordées pour les chemins vicinaux.

Le gouvernement de 1878, qui aurait dû être instruit par l'expérience, ne craignit pas cependant de voir renouveler contre le pouvoir central les accusations d'arbitraire et d'impartialité, puisqu'il ne fit insérer dans la loi du 1er juin 1878, aucune méthode fixe, propre à assurer une répartition impartiale des crédits importants alloués pour les constructions scolaires (1). L'article

---

1. La pratique avait cependant déjà fait ressortir les résultats injustes des répartitions des subventions scolaires, quant aux dépenses du personnel enseignant, jusqu'alors effectuées. C'est ainsi que la Situation financière des communes établie en 1877 fait ressortir que les subventions alors accordées en raison de l'extension

4 de la loi de 1878 laisse le Ministre de l'Instruction publique seul juge des sommes à allouer, sauf avis des conseils généraux, (dont les propositions sont d'ailleurs nécessaires depuis la loi de 1871, art. 60), eux-mêmes trop intéressés dans la répartition de ces allocations pour s'opposer à des libéralités excessives.

D'après l'exposé des motifs de la loi de 1878, aucune base ne pouvait être établie à l'avance pour le calcul des subventions : « Sans doute, on devra faire entrer en ligne de compte le total des sommes portées en recettes au budget municipal, l'excédent ou le déficit par lequel se solde le budget, la valeur du centime, etc. ; il y a là des éléments multiples qui exerceront sur la décision du Ministre une large part d'influence. Mais l'élément moral, — et il se rencontre ici, — celui qui ne s'évalue point par des chiffres. ne saurait en tout état de cause se trouver définitivement exclu », et, de même qu'en 1868, l'exposé concluait qu'il était « impossible de faire entrer ces éléments si variables par leur nature dans le cadre d'une formule mathématique. »

C'est pourquoi l'article 9 décidait que la loi des finances de chaque exercice déterminerait à l'avenir le chiffre des annuités que le ministre de l'Instruction publi-

donnée dans chaque commune aux listes de gratuité « n'était pas souvent en rapport avec le degré d'aisance de la population. En effet, on voit figurer parmi les départements qui comptaient alors le plus grand nombre de communes subventionnées, les départements les plus riches, tels que ceux de Seine-Inférieure, Seine-et-Marne, Seine-et-Oise, Marne, Sarthe, Somme, Oise, Pas-de-Calais, Loiret, Indre-et-Loire, et de Charente-Inférieure ». (Situation financière des communes en 1877, préface.)

que était autorisé à accorder conformément aux articles 4, 5, 6, 7, et 8. (1)

Lors du vote de la loi de 1878, la commission du budget repoussa même l'article 4 du projet qui, dans certains cas (2), soumettait les demandes des communes à l'examen et au contrôle d'une commission mixte composée de sénateurs, et députés et de membres de l'administration. La commission du budget estima qu'un compte rendu aux Chambres, au commencement de chaque session ordinaire, « servirait de contrôle suffisant et que l'institution d'une commission ne pourrait que nuire à la rapidité des opérations. »

Ce fut seulement en 1885, alors qu'un total de 170 millions 333.333 francs 34 centimes avait déjà été réparti par les lois de 1878, 1881, 1883 et 1884, et que 233 millions avaient été dépensés par les communes, que le législateur établit à l'avance les éléments du calcul des subventions, à savoir : la valeur du centime communal, le montant des charges actuelles de la commune, les centimes pour insuffisance de revenus et le total de la dépense.

On permit donc enfin aux communes de prévoir (comme elles en avaient la faculté pour les dépenses vicinales depuis la loi de 1879) le quantum exact des subventions auxquelles elles avaient droit, grâce à une simple opération arithmétique.

L'article 8 de la la loi du 20 juin 1885 décide, en effet,

1. C'est ainsi que le maximum de ces subventions a été fixé successivement par les lois de finances du 8 août 1885 (art. 39) ; du 26 février 1887 (art. 36) ; du 29 décembre 1888 (art. 27) ; du 17 juillet 1889 (art. 50) ; du 26 décembre 1890 (art. 40) ; du 26 janvier 1892 (art. 67) ; du 26 juillet 1893 (art. 65)... ; du 29 mars 1897 (art. 48).

2. Lorsque les demandes de subventions dépassaient 10.000 francs ou représentaient le 1/3 de la dépense communale.

que la subvention de l'Etat sera calculée d'après un chiffre maximum de dépense totale, déterminé pour chaque catégorie d'établissement par un tableau (tableau A) annexé à la loi, déduction faite des ressources disponibles. — La proportion dans laquelle l'Etat devait contribuer au paiement des annuités, ne pouvait en aucun cas être supérieure à 80 0/0, ni inférieure à 15 pour 100. Elle était déterminée en raison inverse de la valeur du centime communal, en raison des charges directes extraordinaires de la commune, et encore en raison de l'importance des travaux scolaires à exécuter par elle, conformément à des règles qui devaient être établies par un décret rendu sur la proposition des Ministres de l'Instruction publique, de l'Intérieur et des Finances. Toutefois, les communes dont le centime communal représentait une valeur supérieure à 6.000 francs ne pouvaient recevoir aucune subvention de l'Etat pour la construction, la reconstruction et l'agrandissement de leurs écoles primaires.

Le décret auquel renvoyait l'article 9 de la loi du 20 juin 1885 fut signé le 9 juillet suivant. Mais les tableaux annexés à ce décret présentaient deux légères lacunes : le chiffre des subventions n'y était fixé, d'après la valeur du centime, que de 10 francs en 10 francs, et les charges communales n'étaient divisées que par centaines de centimes.

Un décret du 15 février 1886, actuellement encore observé, remédie à ces inconvénients et distingue même équitablement les communes d'après le chiffre du montant de leurs charges ordinaires et d'après celui du montant de leurs charges extraordinaires.

Nous avons vu, au cours de cet historique, les reproches de favoritisme qui furent trop longtemps adressés au pouvoir central et auxquels les lois de 1879 et de 1885 n'ont mis fin que bien tardivement.

Ces reproches ne sont pas les seuls que nous avons pu formuler, puisque, d'une part, les évaluations de dépenses faites dans les projets de loi et toujours dépassées trompèrent gravement les communes et que, d'autre part, l'aide de l'Etat devint bien insuffisante eu égard au chiffre définitif de la dépense.

De 1878 à 1888, «les subventions en faveur des con-« structions scolaires s'élevèrent à 216.086.682 francs et, « en 1889, ces constructions avaient été jugées devoir « revenir déjà à plus de 2 milliards ; les budgets commu-« naux devant supporter de ce chef 670 millions en 40 « annuités » (1).

Cependant, si les répartitions avaient été, dès le début, équitables, et si les dépenses avaient été exactement prévues, d'autres inconvénients seraient aujourd'hui encore à regretter.

Le procédé des subventions est, en effet, dangereux par lui-même. « Les subsides, n'offrant pas de limite fixe, développent la prodigalité chez les autorités communales ; ils accroissent leurs besoins en y satisfaisant ; ils affaiblissent chez eux le sentiment de l'initiative et de la responsabilité, la notion du *self-government*, parce qu'ils les habituent à toujours compter sur autrui. Il faut, en principe, que ceux qui profitent des dépenses en sentent le poids. » (2) De là, des abus que le gouver-

1. De Luçay, *Finances*, année 1889, page 257.
2. M. Paul-Dubois, *op. cit.*, page 148.

nement fut obligé de reconnaître alors qu'il réclamait cependant aux Chambres de nouveaux crédits.

Tantôt, dans l'espoir d'obtenir de plus fortes subventions, les communes ont grossi leurs dépenses par l'établissement de devis de constructions exagérés. Tantôt, afin de réaliser plus sûrement l'intégralité de la modique subvention qu'elles sollicitaient, elles passaient sous silence des constructions accessoires pour lesquelles de nouvelles subventions s'imposaient par la suite à l'Etat (1).

En résumé, le système des subventions accordées aux communes pour alléger leurs dépenses vicinales et scolaires a poussé les municipalités à s'engager dans des dépenses excessives puisque l'aide de l'Etat ne leur était apporté qu'après épuisement de toutes leurs ressources. Mais ces dépenses ont été surtout trop rapides et, par suite, trop élevées bien que le gouvernement dût prévoir que des constructions simultanément commencées dans toute la France allaient accroître nécessairement et exagérément le prix des travaux.

Les communes ne méritent donc point tout à fait les

1. « Il n'est pas possible, en effet, de répondre à tous les devis de maisons d'écoles qui sont dressés dans les 36.000 communes de France, et pas toujours par des architectes compétents. Naturellement, la commune française qui est souvent pauvre, cherche, comme on dit, à tirer la couverture de son côté ; de là, la production d'un devis plus ou moins sincère. Comment voulez-vous que nous sachions si le prix porté pour la construction n'est pas exagéré ? Les architectes eux-mêmes nous offrent-ils à cet égard de suffisantes garanties ? Les architectes de ce temps-ci ne se font guère scrupule, lorsqu'ils ont déposé un devis, de dire ensuite, quand la construction est achevée : « Il nous faut un tiers ou un quart de plus ». Ce ne sont pas là de bonnes habitudes, et véritablement nous en souffrons ». Discours de M. Jules Ferry (*Journal officiel*, Chambre, 24 décembre 1882, page 2.161).

reproches de prodigalité qui leur furent tant de fois adressés. L'exemple leur est venu de haut et nous venons d'en constater les résultats funestes.

§ 5. — *Subventions de l'Etat en matière d'assistance communale.*

Malgré ces enseignements du passé, un nouvel encouragement de l'Etat aux dépenses locales et, par suite, un nouveau danger pour les finances communales semblent contenus dans la loi récente du 15 juillet 1893 sur l'assistance médicale qui utilise encore le procédé des subventions.

D'après cette loi, les subventions de l'Etat doivent en premier lieu servir au remboursement d'une partie des dépenses ordinaires nécessitées par ce nouveau service (honoraires des médecins, frais de médicaments, frais de séjour dans les hôpitaux). [article 29].

La proportion des subventions de l'Etat varie entre 10 et 70 pour 100 du total des dépenses couvertes par les centimes additionnels départementaux et est calculée en raison inverse de la valeur du centime départemental par kilomètre carré, conformément à un tableau B annexé à la loi.

Nous avons vu, dans notre préambule, que des abus regrettables s'étaient déjà glissés dans la confection des listes des indigents secourus depuis 1893. Les dépenses ordinaires communales vont cependant recevoir encore une extension nouvelle en exécution de l'article 43 de la

loi du 29 mars 1897, article, qui « jette les premières bases »
de l'assistance en faveur des vieillards et des infirmes, et
qui décide qu' « à partir du 1er janvier 1897, l'Etat con-
tribuera, dans les conditions de la loi sur l'assistance
médicale, et conformément aux barêmes A et B de cette
loi, au payement de toute pension annuelle d'au moins
90 francs et de 200 francs au plus, constituée par les
départements ou les communes, d'accord avec les conseils généraux, en faveur de toute personne de nationa-
lité française privée de ressources, incapable de subvenir
par son travail aux nécessités de l'existence, et soit âgée
de plus de 70 ans, soit atteinte d'une infirmité ou d'une
maladie reconnue incurable sans que le nombre des pensions auxquelles devra contribuer l'Etat puisse dépasser,
par département, 2 pour 1.000 de la population et sans
que cette contribution pour chaque pension puisse être
supérieure à 50 francs ».

Ainsi, par cet article, les communes sont invitées à
constituer, au profit de leurs habitants âgés ou infirmes,
des pensions de 90 francs au moins et de 200 francs au
plus, et reçoivent la promesse de subventions de l'Etat.

Il est inutile de faire ressortir que les nouvelles dépenses que causeront ces pensions engageront l'avenir
plus encore que celles nécessitées par la construction
des chemins vicinaux et des écoles, et sont susceptibles
de prendre un développement dont nul ne peut prévoir
les limites.

Quels sont donc ici les sacrifices que l'Etat s'impose ?
Ils consistent en des allocations de 500.000 francs,
d'après la loi de finances du 29 mars 1897, et de 590.955
francs, d'après celle du 13 avril 1898 !

Nous citerons l'exemple d'un conseil municipal, qui, sollicité de répondre à cet appel de l'État, fit remarquer que sur « une dépense de 100 francs, 90 francs auraient été à sa charge et 10 francs seulement à la charge de l'État » (1) et déclara que ces conditions lui paraissaient inacceptables.

Il est encore prématuré d'affirmer que tous les conseils municipaux agiront de même, et ne laisseront dévelop-per cette nouvelle branche de l'assistance communale qu'en prenant toutes les précautions que nécessite l'é-tat de leurs finances ; mais on doit l'espérer (2).

Outre sa participation aux dépenses ordinaires du service d'assistance médicale, l'État s'engage, d'après l'article 26 de la loi de 1893, à contribuer par ses sub-ventions aux dépenses extraordinaires de ce service, c'est-à-dire aux frais d'agrandissement et de construction d'hôpitaux (3).

D'après une circulaire du 18 mai 1894, ces frais parais-sent prudemment limités, car le Ministre de l'Intérieur prescrit de ne recourir à la construction d'établissements nouveaux « que lorsque les établissements actuels ne

1. Conseil municipal de La Madeleine (Nord), *Revue mun.*, n.67, 4 février 1899.

2. C'est dans l'intérêt même des secours que nous formulons ce souhait. Les pensions communales devront être faibles et limi-tées pour être sûres, puisque le chiffre des dettes communales fait, déjà aujourd'hui. songer quelques-uns aux liquidations de l'ancien régime et de la Révolution. Si leurs prévisions se réalisaient, c'est alors que les plaintes des indigents seraient bien plus nombreuses et bien plus justifiées qu'aujourd'hui !

3. L'article 3 de la loi de 1893, décide que « toute commune ou syndicat de communes est rattaché pour le traitement de ses ma-lades à un ou plusieurs hôpitaux voisins ».

« permettent pas d'organiser convenablement le service » et rappelle que, d'après l'article 35 de la loi, les
communes ou syndicats de communes, justifiant qu'ils
remplissent complètement leurs devoirs d'assistance, peuvent être autorisés à avoir une organisation spéciale.

On regrette aujourd'hui non seulement les dispositions
contenues dans ce dernier article (1), dispositions dont
de nombreuses communes demandent l'application,
mais encore celles de l'article 3 qui permettent aux
conseils généraux de rattacher les communes de leurs
départements à des établissements déjà existants car on
les juge souvent trop éloignés ou insuffisants. On eût
préféré voir adopter un projet primitif du ministère de
l'Intérieur qui stipulait que chaque commune ou syndicat de communes devait avoir une infirmerie, sorte d'hôpital rudimentaire destiné aux malades que la nature de
maladie ou les mauvaises conditions de domicile empêchent de soigner chez eux.

Les hôpitaux proprement dits, c'est-à-dire ceux déjà
existants, auxquels chaque hôpital communal ou inter-
communal devrait être rattaché, ne serviraient ainsi qu'à
soigner les maladies plus graves (2).

Nous admettons que l'État s'intéresse aux tentatives
faites pour résoudre les problèmes de solidarité sociale
soulevés au cours de ce siècle. Mais cette solution ne
peut consister en la création de nouvelles dépenses à la

1. Au 15 décembre 1896, l'administration centrale avait reçu
649 demandes d'application de l'article 35 parmi lesquelles 498 pro-
venaient de communes rurales, la plupart pauvres et au-dessous de
2.000 habitants. Rapport de M. Monod du 29 décembre 1896, concernant l'exécution pendant l'année 1895 de la loi de 1893.

2. Voir *Revue philanthropique*, 10 août 1898, page 449.

charge presque exclusive des communes dont les ressources ne sont augmentées que dans des proportions
insignifiantes. Pour quelle part, en effet, l'Etat contribue-
t-il aux dépenses de construction et d'aménagement des
hôpitaux ?

Malgré la promesse que contient l'article 26 de la loi
de 1893, aucun crédit spécial n'a encore été officielle-
ment inscrit au budget annuel de l'Etat. Toutefois l'article 45 de la loi de finances du 16 avril 1895 (1) a décidé
que le tiers des fonds provenant du pari mutuel, déjà
affectés à des œuvres de bienfaisance, serait employé à
cet effet.

Ceux-là mêmes qui s'étonnent du peu d'empressement
des communes à développer leur service hospitalier,
reconnaissent « qu'il ne s'agit là que d'un expédient
temporaire (2) » mais ils se bornent à espérer « que les
fonds aléatoires et essentiellement variables du pari
mutuel finiront par ne plus être qu'un appoint d'allège-
ment vis-à-vis de la part normale du budget officiel de
l'Etat dans les dépenses dites extraordinaires » (3). A ce
moment, des crédits véritables seront votés mais, en
attendant ce vote, on ne peut vraiment, comme M. Monod, trouver très blâmable « l'obstination des communes à repousser l'organisation normale et à considérer

---

1. Une commission consultative a été instituée au Ministère de
l'Intérieur par décret du 16 mai 1896 pour la répartition de ce crédit, et une circulaire du 28 décembre 1896 détermine la procédure
relative aux demandes de subventions.

2, *Revue philanthropique*, 10 août 1898, page 451.

3. Une allocation annuelle de 100.000 francs « aux hôpitaux les
« plus pauvres », à prélever aussi sur les fonds du pari mutuel a
été rejetée par le Sénat lors du vote du budget de 1898.

comme un bénéfice le régime de l'article 35, alors que
le résultat de ce régime est de les priver des subventions
du département et de l'Etat » (1).

Ce dernier comprendra-t-il que les finances communales ne sont pas inépuisables et que les plaintes des communes lui imposent, à lui aussi, des sacrifices importants ? Rien n'est moins certain.

Nous avons vu, d'ailleurs, qu'autrefois les communes
résistèrent aux invitations du gouvernement qui les
pressait de construire leurs écoles, et que « leur aveu-
« glement et leur mauvais vouloir » furent cependant
vaincus par le législateur qui, selon les paroles de
M. Jules Ferry, sut « provoquer et même déchaîner » le
mouvement qui devait les entraîner. En sera-t-il de
même en matière d'assistance ?

Si, de ce chef, le chapitre des dépenses communales
reçoit encore une nouvelle extension, nul ne peut répondre de l'avenir.

1. Rapport précité de M. Monod.

CHAPITRE III

NOTIONS GÉNÉRALES SUR LES EMPRUNTS COMMUNAUX.

§ 1. — *Des inconvénients de l'emprunt.*

Après avoir étudié les ressources employées au remboursement de la dette communale et avant de tirer des conclusions que l'on peut dès à présent pressentir, il nous paraît indispensable de présenter quelques observations générales sur l'autorisation et la réalisation des emprunts, puisque c'est la multiplication de ces actes qui a pour résultat d'engager si dangereusment les finances communales.

Au seul point de vue qui nous occupe, c'est-à-dire quant à l'intervention de l'Etat, il n'est pas inutile, en effet, de montrer par quelles facilités de plus en plus grandes laissées aux conseils municipaux, le pouvoir central a provoqué l'emploi de cet instrument financier commode et dangereux, qui s'appelle l'emprunt.

Parmi les actes administratifs, nul n'offre la gravité de l'emprunt. Mieux encore qu'en matière d'aliénations, d'échanges, de transactions relatives aux biens communaux, on comprend que l'Etat doive ici intervenir ; car si toutes facilités étaient laissées aux communes pour emprunter les sommes considérables dont elles se jugent

avoir besoin, sommes souvent triplées par suite de l'accumulation des intérêts, les conseils municipaux enga-
geraient trop facilement un avenir qui, en France, peut
comprendre jusqu'à 75 années !

Ainsi que nous l'avons déjà montré au début de cette
étude, trop souvent les conseils municipaux ne voient
dans l'emprunt qu'un moyen d'éviter, dans le présent,
les impôts souvent écrasants que nécessitent de nouvelles dépenses. Ils ne se rendent pas compte que si
l'emprunt permet d'alléger momentanément les charges
actuelles, l'affectation prolongée des ressources futures
au remboursement des emprunts les laisse plus tard
impuissants devant de nouveaux besoins et les oblige
souvent à créer ces mêmes impôts qu'ils avaient cru,
peu de temps auparavant, éviter.

Pour que la vie communale ne soit pas un jour arrê-
tée dans le fonctionnement de ses services essentiels, le
pouvoir central doit donc, dans son intérêt comme dans
celui des communes, examiner avec le plus grand soin
les demandes d'emprunts qui lui sont adressées par les
assemblées locales, et restreindre le plus possible le
montant des recettes dont les conseils municipaux lui
demandent l'engagement.

Nous avons vu dans l'historique des diverses autorisations qui sont nécessaires aux communes pour qu'elles
puissent affecter leurs ressources ordinaires ou extraordinaires au remboursement de leurs dettes que les distinctions établies quant à ces autorisations, étaient basées
sur la nature et sur la durée de leurs ressources. En
étudiant les règles, de moins en moins restrictives, apportées sur ce point par nos lois administratives, nous

avons, par suite, examiné les règles d'autorisation d'emprunts qui sont basées sur les mêmes distinctions. Il nous sera donc facile de les résumer en peu de mots.

§ 2. — *Historique des emprunts communaux.*

Dès le début de la période révolutionnaire, un décret du 14 décembre 1789 permit au conseil général de la commune, assistant le corps municipal, d'autoriser les emprunts communaux. De plus, l'approbation de l'administration ou du directoire du département était nécessaire et ne devait même, parfois, être donnée que « sur l'avis de l'administration ou du directoire de district » (art. 31, 32, 34, 56).

Mais bientôt, un décret du 5-10 août 1791 (1), décida que l'autorisation législative serait nécessaire pour la réalisation de tout emprunt.

La Constitution du 5 fructidor an III, article 311, et la loi du 28 pluviôse an VIII, section 3, § 8, article 15, exigent cette même autorisation législative. Cette autorisation, on le conçoit, entraînait des lenteurs que les communes trouvaient excessives, et qui furent diminuées par suite des dispositions de la loi du 15 mai 1818.

---

1. Les dispositions de ce décret étaient d'ailleurs très restrictives : « Aucunes ville, ni commune ne pourront désormais être autorisées à faire des acquisitions d'immeubles, ni des emprunts, que par décret du Corps Législatif, vu l'opinion du directoire de district et l'avis du directoire de département et à la charge par les villes et communes à qui l'autorisation sera donnée, de fournir assignation de dernier jour, le paiement des arrérages et le remboursement des capitaux, suivant la progression et dans les délais qui seront fixés par le décret ».

Cette dernière loi établissait, en ce qui concerne les autorisations relatives aux emprunts, une distinction basée sur l'importance des villes : Celles ayant plus de 100.000 francs de revenus, ne pouvaient emprunter qu'avec l'autorisation législative ; une ordonnance royale, au contraire, suffisait pour les villes de revenus moindres, mais alors la délibération du conseil municipal ne pouvait avoir lieu qu'avec le concours des contribuables les plus imposés aux rôles des contributions directes.

La même distinction et les mêmes autorisations sont reproduites par la loi du **18 juillet 1837**, article 42 (1).

Nous avons dit (page 87) que le législateur de 1867 étendit les attributions des conseils municipaux qui purent statuer définitivement sur certaines acquisitions d'immeubles, sur certains projets et devis de grosses réparations et d'entretien (cependant, en cas de désaccord entre le maire et le conseil municipal, l'autorisation supérieure redevenait nécessaire). Quant aux emprunts, les conseils municipaux purent voter ceux remboursables sur les centimes extraordinaires dans la limite du maximum fixé par le Conseil général, ou sur les ressources ordinaires quand la durée de l'amortissement dans ce dernier cas ne dépassait pas 12 années (art. 3).

Tout emprunt remboursable sur les ressources extraordinaires dans un délai excédant 12 années était autorisé

1. Notons que le décret du **25 mars 1852**, bientôt abrogé par la loi du **18 juin 1853** (art. 4), confiait dans certains cas au préfet le droit d'autoriser les emprunts des villes d'un revenu inférieur à 100.000 francs, lorsque le terme de remboursement n'excédait pas une année.

par un décret impérial rendu en Conseil d'Etat, s'il s'a-
gissait d'une commune d'un revenu supérieur à 100.000
francs (art. 7 et 8).

L'intervention du pouvoir législatif n'était, comme aujourd'hui, nécessaire que lorsque le montant de l'emprunt
dépassait un million. Dans les autres cas, l'approbation
préfectorale suffisait.

Rappelons que cette importante décentralisation, opérée à une époque où les dépenses communales avaient
atteint un chiffre déjà élevé et où la dette communale
avait été fixée précédemment, comme nous l'avons vu,
à plus de 600 millions, éveillait les craintes du rapporteur de la loi au Sénat.

Arrivons aux règles actuelles établies par la loi de 1884,
qui nous feront constater la disparition de plusieurs restrictions importantes :

1° en cas de désaccord entre le maire et le conseil municipal, l'approbation du préfet n'est plus nécessaire pour
les délibérations réglementaires ;

2° les plus imposés de la commune ne sont plus adjoints
aux conseillers municipaux pour le vote des emprunts,
cette garantie ayant d'ailleurs été supprimée depuis la
loi du 2 avril 1882 ;

3° le terme moyen des remboursements a été porté de
12 à 30 ans.

Nous remarquerons en outre que la nécessité pour le
gouvernement de recourir à l'intervention du Conseil
d'Etat n'est plus déterminée d'après le chiffre des revenus communaux, mais d'après la durée de l'amortissement des emprunts.

En somme, cinq catégories d'emprunts peuvent être aujourd'hui distinguées d'après la nature des autorisations qui sont nécessaires aux communes :

1re *catégorie*. — Rentrent parmi les délibérations réglementaires du conseil municipal :

1° Les emprunts remboursables au moyen d'une contribution extraordinaire, dans la limite du maximum fixé chaque année par le Conseil général et n'excédant pas 5 centimes pendant 5 ans ;

II° Les emprunts remboursables au moyen de ressources extraordinaires quand l'amortissement ne dépasse pas 30 ans.

2e *Catégorie*. — Le préfet approuve :

I° Les emprunts remboursables dans un délai de 30 ans au moyen de contributions extraordinaires dépassant 5 centimes sans excéder le maximum fixé par le Conseil général.

II° Les emprunts remboursables dans un délai excédant 30 ans, au moyen de ressources ordinaires.

3e *Catégorie*. — Sont approuvés par décret :

I° Les emprunts remboursables sur les contributions extraordinaires excédant le maximum fixé par le Conseil général.

II° Les emprunts remboursables sur les contributions extraordinaires n'excédant pas le maximum fixé par le Conseil général, mais dont la durée d'amortissement dépasse 30 ans.

4e *Catégorie*. — Doivent être approuvés par décrets rendus en Conseil d'Etat :

Les emprunts nécessitant une imposition extraordinaire dépassant le maximum fixé par le Conseil général et d'une durée supérieure à 30 ans.

5ᵉ *Catégorie.* — Doivent être autorisés par une loi :

Les emprunts dont le montant dépasse un million, ou dont le montant, réuni à celui d'autres emprunts non encore remboursés, dépasse un million.

Rappelons que les emprunts de la ville de Paris restent soumis à l'article 17 de la loi du 24 juillet 1867 et doivent, par conséquent, toujours être autorisés par les Chambres.

§ 3. — *Extension de la période normale de remboursement des emprunts communaux.*

Les précédentes dispositions montrent que, si le terme moyen de remboursement des emprunts a été porté de 12 à 30 années par la loi de 1884, cette loi réserve encore aux Chambres le droit d'autoriser les emprunts les plus considérables.

Or, avant 1878, le pouvoir législatif ne permettait que très rarement les emprunts d'une durée excédant 30 ans ; de 1879 à 1890, au contraire, sur 509 emprunts votés par les Chambres, 387 avaient une durée supérieure à 30 années (1). Aussi, par suite de cette tendance nouvelle, les conseils municipaux présentent-ils à la ratification du Parlement des emprunts à échéance de plus

1. Voir cependant les termes de la circulaire du 26 août 1885, par laquelle le Ministre de l'Intérieur invite les préfets à s'abstenir de lui transmettre les demandes ayant pour objet des emprunts dont la durée s'étendrait au delà de 30 ou 35 années au plus, en ajoutant que la période de 35 ans ne peut être dépassée que dans des circonstances tout à fait exceptionnelles.

en plus longue (1). Au cours de la seule année 1898, des emprunts de 40 ans ont été sollicités par les conseils municipaux de Toulouse, Dôle, Nice, Evreux ; de 45 ans, par ceux de Marseille et d'Alais ; de 50 ans, par ceux de Rennes, de Périgueux (2), et il est probable que ces délais ne seront guère diminués par les Chambres.

On a essayé de justifier ces emprunts à long terme, et même de les préconiser, lorsque les travaux qui les nécessitent doivent profiter non seulement aux générations présentes, mais encore aux générations futures (3). Parmi ces derniers travaux rentreraient par exemple ceux entrepris pour l'établissement des conduites d'eau, de gaz, ou pour la construction des routes, chemins de fer, bâtiments d'écoles, mairies, etc...

On peut se demander tout d'abord si cette distinction établie d'après la nature des travaux serait toujours applicable ?

L'utilité de certaines opérations ne peut-elle paraître aujourd'hui permanente et devenir cependant complètement nulle pour nos descendants.

Les grands progrès accomplis dans le cours de ce siècle et ceux que nous réserve vraisemblablement le siècle prochain, empêchent d'assurer à l'avance que telles améliorations sont vraiment durables. N'est-il pas permis d'affirmer que les services d'assainissement et d'éclairage, pour ne citer que ceux-là, seront de plus en plus économiquement et de mieux en mieux réalisés ?

1. De 1891 à 1894, la ville de Lyon fut autorisée à contracter trois emprunts remboursables en 60 annuités. (Lois des 30 décembre 1891, 29 décembre 1893, 29 juillet 1894).
2. *Revue municipale*, année 1898, *passim*.
3. Garbouleau, *op. cit.*, pages 25 et suiv.

Les communes, qui, pour subvenir aux dépenses de ces services, se laissent entraîner à contracter des emprunts à long terme, ne s'exposent-elles pas à être bientôt forcées d'utiliser des matériels encombrants ou même inutiles et des installations devenues insuffisantes ? Elles continueront cependant à payer des annuités que, par suite de nouvelles découvertes scientifiques, on pourra trouver excessives.

D'ailleurs, la théorie que nous venons de combattre tendrait à rendre perpétuelles les dettes locales ainsi que sous l'ancien régime à la fin duquel Paris payait les intérêts d'emprunts contractés deux siècles auparavant (1), car c'est, du moins en très grande partie, par suite de la prorogation du terme de remboursement des emprunts, que le développement de la dette communale a pu prendre de telles proportions.

Les emprunts communaux sont, le plus souvent, amortissables, et l'on sait que la puissance de l'amortissement (moyen de reconstituer un capital par l'épargne et par la capitalisation des intérêts de cette épargne) est beaucoup plus forte pendant les dernières années de l'emprunt que pendant les premières. En effet, le décroissement du capital de la dette entraîne aussi chaque année une diminution plus grande des intérêts de cette dette. Par suite, la somme affectée à leur remboursement forme un excédent de plus en plus considérable qui vient grossir la somme destinée à amortir. On conçoit donc que, dans les emprunts à long terme, l'époque où l'amortissement devient réellement important se trouve retardée

1. *L'Economiste français*, 7 mars 1896, page 293.

et que la dette reste pendant de longues années à peu près stationnaire (1).

Ajoutons enfin que, par suite de la longue durée des engagements, il arrive que le capital à rembourser se trouve en définitive doublé ou même triplé.

Rappelons que le capital de 2.043.883.752 francs restant dû en 1896 par la ville de Paris, ne coûtera pas moins de 5.051.569.361 francs dont le paiement s'échelonnera en 75 annuités.

Malgré ces résultats onéreux, comme, par suite, de la répartition des charges en un grand nombre d'annuités, les communes n'ont à payer chaque année qu'une somme relativement minime, eu égard au capital emprunté, les budgets communaux offrent souvent des ressources disponibles. Mais, dans leur imprévoyance, les communes emploient ces disponibilités, non pas à rembourser une plus grande partie de leurs dettes, mais à gager de nouveaux emprunts. C'est ce que nous allons constater.

§ 4. — *De l'abaissement du taux de l'intérêt et de la conversion des emprunts communaux.*

Signalons, en effet, un mouvement économique qui, contrairement à ce qu'on aurait pu espérer, n'a point contribué à diminuer le chiffre de la dette communale et n'a pas même arrêté son accroissement. Nous voulons parler de l'abaissement du taux de l'intérêt dans ces vingt

1. Ainsi, sur un emprunt de 100.000 francs, remboursable en 50 ans, contracté au taux d'intérêt de 5 pour 100, il n'est amorti à la 25e année que 22.797 francs, c'est-à-dire un peu plus du 1/5 du capital.

dernières années, abaissement qui devait, en effet, profiter aux communes comme aux particuliers.

Le taux moyen de l'intérêt des emprunts communaux
était jusqu'en 1879 de 5 à 6.30 0/0 ; à cette époque, la
Caisse des dépôts et consignations et le Crédit foncier
abaissèrent leur taux à 4 1/2 pour 100. (Voir circulaires
du Ministre de l'Intérieur, des 20 juin et 8 août 1879) ;
depuis, d'après les circulaires du 1er mai 1888, 19 mars
1889, 4 avril 1889, ces mêmes établissements consenti-
rent des prêts à des taux variant entre 4,60 et 4,25.

A l'heure actuelle, celui exigé des communes par la
Caisse des retraites est 3,85 pour 100. (Circulaire du
Ministre de l'Intérieur du 2 juin 1894.)

Depuis 1897, les emprunts des communes contractés
auprès du Crédit foncier, quand ils s'élèvent au moins à
la somme de 10.000 francs, bénéficient du taux de 3,85
accordé aux départements. Pour ceux inférieurs à 10.000
francs, le taux est de 4 pour 100. (Circulaire du Ministre
de l'Intérieur du 29 septembre 1897.)

Les conditions des prêts consentis par la Caisse des
dépôts et consignations sont contenues dans la circulaire
du Ministre de l'Intérieur du 12 juillet 1897, qui abaisse
à 3,60 le taux des emprunts communaux quel que soit
leur chiffre.

Quant aux grandes villes qui, seules, peuvent user du
procédé de l'émission publique, le taux ordinaire de leur
emprunt est de 3 pour 100. Notons que l'emprunt de la
ville de Paris, autorisé par la loi du 8 janvier 1888, fut
émis le 5 septembre 1898 à un taux de 2 pour 100, mais
qui est en réalité de 2 1/2, sans tenir compte des lots.

Comme ceux-ci représentent 0,40 pour 100 du capital, la charge de l'emprunt est à vrai dire de 2,90 pour 100.

Cette diminution progressive du taux de l'intérêt produisit tout naturellement cette conséquence que l'on vit, depuis 1878, de nombreuses communes convertir les emprunts qu'elles avaient antérieurement contractés, c'est-à-dire rembourser leurs anciens emprunts afin d'en contracter de nouveaux à un taux plus avantageux. Ces opérations portèrent sur un capital évalué à près de 280 millions (1), pour les villes seulement (Paris excepté).

Cette faculté fut cependant sérieusement contestée aux communes par leurs prêteurs, que ce procédé mettait en perte, et la jurisprudence est encore hésitante sur le point de savoir si les principes du droit permettent une semblable opération.

C'est ainsi que la Caisse des dépôts et consignations soutint que l'exception prévue par l'article 1187 du Code civil : « Le terme est toujours stipulé en faveur du débiteur à moins qu'il ne résulte de la stipulation ou des circonstances qu'il a été aussi convenu en faveur du créancier », existait en sa faveur (2).

---

1. La conversion de la ville de Marseille, qui eut lieu en 1877, est comprise dans ce chiffre.

2. Voir la circulaire du Ministre de l'Intérieur, en date du 28 juillet 1880. La Caisse des dépôts et consignations faisait observer notamment « que les engagements résultant des emprunts consentis aux communes, se contractent au moyens de traites ou d'effets à ordre, et que, d'après les dispositions de l'article 146 du Code de commerce sur les lettres de change, dispositions rendues applicables aux billets à ordre par l'article 187 du même Code, le porteur d'une lettre de change ne peut être contraint d'en recevoir le paiement avant l'échéance ».

La Cour d'appel de Paris, par arrêt du 28 novembre 1895 et la

Les porteurs d'obligations émirent également quelquefois les mêmes prétentions, et les embarras des communes auraient pu être très grands, si elles avaient dû payer les annuités de leurs précédents emprunts et servir cependant les intérêts des nouveaux.

Aussi, pour sortir de ces incertitudes, il est aujourd'hui admis, depuis 1880, que les communes doivent insérer dans leurs traités d'emprunts une clause portant « que l'emprunt sera réductible du montant de la somme à convertir dans le cas où le remboursement anticipé ne serait pas accepté ».

Ce qu'il importe pour nous de remarquer, c'est que l'usage des conversions, aujourd'hui très fréquent, n'a guère profité aux budgets communaux. C'est à gager de nouveaux emprunts à longue échéance que les excédents ainsi disponibles sont employés, et c'est encore une des causes de l'augmentation de la dette communale, alors que le but poursuivi semble être de la diminuer (1).

Cour de cassation décidèrent dans un procès entre la compagnie des chemins de fer de l'Est et des porteurs d'obligations qu'il résultait des circonstances que le terme avait été stipulé au profit des créanciers, c'est-à-dire des obligataires, aussi bien que des débiteurs.

Dans le même sens, signalons un arrêt de la Cour de Nancy du 10 juillet 1882 (Sirey, 1883, 2,237), un jugement du tribunal de la Seine du 30 avril 1887, et à l'étranger un jugement du tribunal fédéral suisse du 17 mars 1890, un arrêt de la Cour d'appel de Bruxelles du 26 avril 1893.

1. Ainsi, en 1880, la ville de Rouen opéra la conversion générale de ses emprunts en prorogeant pour 25 ans environ la durée du remboursement des 25 millions qu'elle devait. Le bénéfice réalisé par cette opération servit à gager partiellement un nouvel emprunt de 20 millions qui augmentait cependant de 113.500 francs les dépenses annuelles du service de la dette. En cette même année, la ville de Bordeaux recula de 7 à 40 années le remboursement de 16.900.000 francs qu'elle devait à la suite de divers emprunts et

§ 5. — *Notions générales sur le remboursement des emprunts communaux.*

L'étude approfondie des modes de réalisation des emprunts est en dehors du cadre de notre travail, il ne nous paraît pas cependant inutile de résumer les avantages et les inconvénients qui résultent de chacun de ces modes, ainsi que les perfectionnements qui pourraient être apportés à certains d'entre eux (1).

Trois procédés sont habituellement employés par les communes pour la réalisation de leurs emprunts :

1° l'adjudication publique ;

2° la souscription publique ;

3° l'emprunt de gré à gré.

1° *Emprunt par voie d'adjudication publique.* — Les formes de cette adjudication sont semblables à celles fixées pour les adjudications des travaux communaux : l'administration municipale doit dresser un cahier des charges indiquant le maximum d'intérêts que la commune entend payer, maximum sur lequel porteront les rabais des adjudicataires.

Ce procédé d'emprunt, bien moins employé en France

demanda au crédit de nouvelles avances montant à plus de 13 millions.

1. En principe, les municipalités peuvent choisir le mode de réalisation des emprunts qu'elles ont été autorisées à contracter et l'autorité administrative n'intervient que pour réglementer les conditions exigées par les prêteurs.

qu'à l'étranger, nous paraît cependant préférable aux autres ; c'est par lui que les communes peuvent obtenir les meilleures conditions de prêts, surtout si elles emploient quelques combinaisons récentes que l'administration centrale devrait, nous semble-t-il, faire connaître aux municipalités (1) ; par exemple, si le cahier des charges indique que l'adjudicataire devra soumissionner à des conditions plus avantageuses que celles offertes par les caisses publiques et si le système de la souscription publique est combiné avec celui de l'adjudication.

C'est à ce titre que nous signalons les conditions nouvelles déjà imaginées par le conseil général du Doubs qui, par une loi du 1er juillet 1893, avait été autorisé à contracter un emprunt de 500.000 francs. Le succès de son innovation fut pleinement démontré par l'économie de 54.300 francs sur un total de 373.500 francs, qu'elle rapporta au département, d'après le rapport du préfet du Doubs.

Le cahier des charges de cet emprunt établissait que l'adjudication serait prononcée au profit des soumissionnaires qui consentiraient le taux d'intérêt le moins élevé, et, en outre, que « la plus longue période de remboursement serait accordée aux sommes offertes au plus faible taux d'intérêt, et, en cas de parité, à la somme dont la soumission aurait été déposée la première à la préfecture » (2). Le département s'interdisait toute faculté

1. Voir l'emprunt de la ville d'Auckland (Australie), en 1875, et l'emprunt émis en mai 1877 par la cité de Londres. M. Paul Leroy-Beaulieu (*Traité de la science des finances*, t. II, page 356).

2. Article 4 du cahier des charges. (Voir Crisenoy, *op. cit.*, année 1895, page 353.)

de remboursement par anticipation ou de conversion des souscriptions dont le taux d'intérêt n'atteignait pas 4 pour 100 (article 11).

Ainsi que l'exposait le rapport préfectoral, « les avantages de ce système consistent :

1° dans la suppression des intermédiaires (banques et établissements de crédit) et, par suite, des commissions qu'ils réclament ;

2° dans la réduction du taux de l'intérêt, les particuliers estimant le crédit des départements et des communes à peu près comme celui de l'Etat ;

3° dans la réduction à leur plus simple expression des frais de timbre et d'enregistrement, la minute des contrats de cette nature étant, aux termes de l'article 80 de la loi du 15 mai 1818, exempt des formalités de timbre et d'enregistrement ; seuls, les extraits à délivrer aux porteurs devant être timbrés ».

II° *Emprunts par voie de souscription publique.*

Dans ce système, les municipalités s'adressent directement au public et ont la faculté d'émettre des obligations transmissibles, soit au porteur, soit par voie d'endossement, ce qui est plus rare (1).

Le type le plus répandu de ces obligations est l'obligation de 500 francs amortissable en un certain nombre d'années par voie de tirage au sort.

Les conditions d'émissions de ces emprunts sont réglées par le décret du 23 juin 1879 et par des règlements

____

1. Au 31 mars 1890, le capital nominal des obligations émises par les villes était évalué à 240 millions environ. (*Situation financière des communes* en 1891, page LIX.)

préfectoraux, mais le législateur intervient au cas où l'émission des obligations est accompagnée de lots et de primes.

Outre que le succès des émissions est toujours aléatoire, les avantages de ce procédé ne sont réels que si le chiffre de l'emprunt est très élevé, les frais d'émission étant, relativement, d'autant plus considérables, que la somme empruntée l'est moins, aussi ne doit-il être recommandé qu'aux très grandes villes jouissant d'un crédit sûr, notamment à la ville de Paris qui y a toujours recours. (Un seul emprunt, celui de 1869, fut contracté par la Ville au Crédit foncier par suite de circonstances que nous avons relatées ailleurs) (1).

L'avantage apparent de la souscription publique est de permettre aux municipalités de se passer de l'intermédiaire des maisons de banque (2) ; en réalité, afin d'attirer les capitalistes petits et grands, aujourd'hui sollicités par tant de valeurs mobilières, les villes doivent non seulement payer des frais élevés de publicité, mais encore offrir aux souscripteurs sous forme de lots et de primes, des avantages si coûteux qu'ils portent le taux véritable de l'intérêt à peu près au niveau du taux légal (3).

1. Voir *supra*, pages 63 et suiv.

2. D'ailleurs, si la somme empruntée est élevée, afin de multiplier les centres d'émission, le concours d'un intermédiaire s'impose. (*Situation financière des communes* en 1891, page LX.)

3. C'est ainsi que l'emprunt de 1865, qui rapportera à la ville de Paris 297.333.000 francs, lui aura coûté 584.773.705 fr., en intérêts et lots ; celui de 1869 rapporta 300.483.200 fr. et coûta 557.819.205 fr. ; le capital encaissé par l'emprunt de 1874 fut de 244.900.000 fr. et celui à rembourser monte à 845.711.000 fr. ; les recettes de l'emprunt de 1876 furent de 127.134.500 fr., et les dépenses s'élèveront à 428.350.250 fr.

III° *Emprunts consentis de gré à gré.* — Enfin les communes peuvent traiter de gré à gré, soit auprès de particuliers (mais on conçoit qu'il ne puisse s'agir alors que d'emprunts peu importants), soit auprès de caisses publiques (Crédit foncier, Caisse des dépôts et consignations, Caisse des retraites pour la vieillesse).

Nous avons vu qu'à l'heure actuelle, les conditions des prêts consentis par ces divers établissements étaient à peu près les mêmes, de sorte que les communes bénéficient d'une sorte d'adjudication restreinte et permanente entre ces trois établissements.

Crédit foncier. — Jusqu'en 1886, cet établissement a bénéficié d'un véritable monopole, car la Caisse des retraites ne peut consentir de prêts aux départements et aux communes que depuis cette époque, et la Caisse des dépôts et consignations depuis longtemps déjà existante, ne peut consentir que des prêts de courte durée.

On s'explique ainsi l'extension considérable des opérations communales du Crédit foncier dont en 1897 le montant des prêts représentait 45 pour 100 du passif total des communes (Paris excepté).

On sait que le but du Crédit foncier, fondé en 1852, est de prêter aux particuliers, sur hypothèque, des sommes remboursables, soit à long terme par annuités de 10 à 75 ans, soit à court terme, avec ou sans amortissement.

Au contraire, les départements et les communes ont depuis la loi du 6 juillet 1860 la faculté spéciale de pouvoir emprunter auprès de lui sans affecter leurs immeubles à la garantie du remboursement de leur dette ; la période de leurs emprunts à long terme comprend de 5 à 50 ans, et celle de leurs emprunts à court terme, de 1 à 5 ans.

On sait, d'autre part, que le Crédit foncier crée et négocie des obligations foncières, ou lettres de gage, pour une valeur qui ne peut dépasser le montant des sommes dues hypothécairement par ses emprunteurs.

Mais, aux prêts faits aux départements et aux communes correspondent des obligations départementales et communales, distinctes des obligations foncières.

Au paiement des obligations communales sont affectées les créances provenant des prêts communaux, et au paiement des obligations foncières, celles provenant des prêts hypothécaires consentis aux particuliers.

Dans l'organisation du Crédit foncier, on voit donc figurer deux services spéciaux et en quelque sorte deux caisses distinctes (1).

Caisse des dépôts et consignations. — Nous n'insisterons pas sur cette caisse, car le montant de ses prêts ne représente aujourd'hui que 3 pour 100 du total de la dette communale (2).

Elle est cependant la première en date qui ait consenti des prêts communaux, puisqu'elle fût autorisée dès 1838 à prêter aux départements, communes et établissements publics les dépôts volontaires et les consignations judi-

---

1. Le montant des prêts communaux dépassait en 1898, d'environ 140 millions, celui des obligations en circulation ; aussi 500.000 obligations nouvelles de 500 francs furent émises le 24 février 1899.

2. Voir les conditions des prêts dans les circulaires du Ministre de l'Intérieur des 12 août 1840, 24 juillet 1890 et 12 juillet 1897.

ciaires ou administratives qu'elle a pour mission de recevoir et dont elle doit servir l'intérêt.

Mais, comme elle est exposée à des demandes journa-
lières de remboursement immédiat, elle ne peut engager
ses capitaux pour une longue durée, ce qui explique la
faible extension de ses opérations communales (1) puisque les municipalités demandent des délais d'amortissement de plus en plus étendus.

Caisses spéciales. — Nous avons vu au chapitre des
subventions que, de 1868 à 1885, grâce à la création des
Caisses des chemins vicinaux et des écoles, l'Etat prêta
directement des sommes importantes aux municipalités
dont il devint ainsi le banquier, et, qu'en 1885, jugeant
qu'il avait suffisamment engagé les communes dans la
voie des dépenses vicinales et scolaires, il commença la
liquidation de ces deux caisses (2). Ayant ainsi renoncé
au système des prêts directs, il se borne aujourd'hui à
secourir les communes par des subventions annuellement
accordées par les lois de finances, et, par suite, manquant
de certitude pour l'avenir.

Ce sont ces caisses spéciales qui, ainsi que nous l'avons
montré, permirent à l'Etat de faire hâter les dépenses

1. D'ailleurs, la Caisse des dépôts et consignations n'admit la
faculté, pour les emprunteurs, de se libérer par anticipation que
depuis le 24 juillet 1890.

2. L'article 53 de la loi des finances du 26 juillet 1893, décide que
les caisses instituées par les lois du 11 juillet 1868 et du 1er juillet
1878, sont et demeurent supprimées, et que le ministre des Finances
est autorisé à ouvrir, à partir du 1er janvier 1894, parmi les comptes spéciaux du Trésor, un compte unique de liquidations qui sera
débité des avances faites par le Trésor restant à amortir et crédité
des sommes inscrites au budget pour leur remboursement.

communales d'une façon si regrettable à tant de points de vue.

Résumons donc les opérations de chacun de ces deux établissements dont les comptes ont été clos le 31 décembre 1893.

a) Caisse des chemins vicinaux. — La caisse des chemins vicinaux dont l'existence était limitée à 10 ans par la loi de 1868 fut maintenue jusqu'en 1892 par les lois du 15 juillet 1873 et du 10 avril 1879 et l'ensemble des dotations qui lui furent affectées par les lois du 11 juillet 1868, 10 avril 1879, 2 avril 1883, 24 juillet 1888, 17 juillet 1889, atteignit 536 millions. Nous venons de dire qu'en 1885 le service des avances consenties par cette caisse fut trouvé trop onéreux pour le Trésor. Il a été cependant établi que les prêts vicinaux, malgré l'extrême modicité de leurs taux, n'auront en définitive imposé à l'Etat « qu'une perte totale de 70 millions à peine, soit de 22 pour 100 environ des subventions directes » (1).

b) Caisse des lycées, collèges et écoles primaires. — Cette caisse, d'abord dite « Caisse pour la construction des écoles » était la reproduction de la Caisse des chemins vicinaux, et fut la conséquence du titre premier de la loi du 1er juin 1878 qui obligeait les communes à construire les maisons d'école nécessaires à l'enseignement primaire et à acquérir un mobilier scolaire.

Mais les lois des 3 juillet 1880 et 2 août 1881 étendi-

1. Rapport de M. Henry Boucher. (De Crisenoy, *op. cit.*, année 1895, p. 378.

rent aux dépenses du service de l'enseignement secondaire les opérations de cette Caisse qui prit alors le nom
de « Caisse des lycées, collèges et écoles primaires ». Les
avances consenties aux communes par les lois du 3 juillet
1880 et 2 août 1881 pour l'enseignement secondaire et
par celles du 1er juin 1878, 2 août 1889 et 20 mars 1883
donnent un total de 231.400.000 francs.

Si les avantages retirés par les communes furent
très grands (1), il ne faut pas croire que, par suite, les
sacrifices de l'Etat furent excessifs. En 1885, M. de Col-
bert-Laplace démontra à la tribune de la Chambre que
le déficit budgétaire que causaient les avances déjà consenties par l'intermédiaire de la Caisse des écoles serait
vite comblé : « Cent quatre-vingt-six millions sont, dès
à présent, versés à titre d'avance par la Caisse des écoles.
Les premiers versements ont, je crois, été faits en 1878,
et, par conséquent, le rendement à 4 pour 100 de ces 186
millions va battre son plein pendant 24 ans à partir du
31 décembre 1884.

« Nous avons donc à recevoir de ce chef, 24 annuités
de 7.440.000 francs. Or, quelle sera la somme produite
au bout de 24 ans par 24 sommes de 7.440.000 francs,
successivement placées chaque fin d'année au taux de

1. D'après une circulaire du 17 août 1878, les avances faites aux
communes pour 31 ans au plus étaient remboursées à la caisse au
moyen de versements semestriels d'une somme de 2 fr. 50 par chaque 100 francs d'emprunts. Aux cas où des termes de remboursement plus courts étaient stipulés, les versements semestriels étaient
calculés de manière à tenir compte à la caisse, outre l'amortissement, d'un intérêt fixé à 3 pour 100 l'année. Or, jusqu'en 1878, le
taux moyen de l'intérêt payé sur les emprunts communaux ne des-
cendait pas au-dessous de 5 0/0, ainsi que nous l'avons dit plus
haut.

3 1/2 pour 100 et à intérêts composés, la dernière exceptée. Les tables consultées nous donnent un peu plus de 275 millions de francs. On ne peut donc contester que voilà 186 millions de fonds de dépôt solidement gagés, et, en outre, employés d'une manière doublement utile, car ils servent à construire pour 186 millions de maisons d'école et, après avoir rendu ce service, ils reparaissent dans les coffres de l'Etat augmentés de 86 nouveaux millions. (1) »

Nous devons signaler en terminant comment l'Etat se servit de la Caisse des écoles, non seulement pour faciliter, mais encore pour imposer des emprunts communaux. En effet, bien que la loi municipale de 1867, alors en vigueur, laissât aux communes l'initiative de leurs emprunts, la loi du 20 mars 1883 apporta une grave dérogation à cette règle générale.

L'article 10 de cette dernière loi autorise l'administration supérieure à pourvoir, au moyen d'un emprunt d'office fait à la Caisse des écoles, aux frais d'acquisition, de construction ou d'appropriation des locaux scolaires ou à ceux d'acquisition du mobilier de classe, lorsqu'une commune refuse de créer les ressources applicables à ces dépenses. D'après le même article, le conseil général doit être appelé à donner son avis, et, si ce dernier n'est pas favorable, il est statué par un décret rendu en Conseil d'Etat. D'après l'article 5 de la loi du 85 avril 1884, le préfet peut ensuite emprunter lui-même ou désigner un délégué spécial chargé d'emprunter au nom de la commune.

1. *Journal officiel*, Chambre, 27 mars 1885, page 671.

Le caractère exorbitant de l'article 10 précité saute aux yeux : si la loi du 1er juin 1878 avait déjà donné au préfet le droit de contracter auprès de la Caisse des écoles des emprunts au nom des communes, elle avait exigé que le conseil général rendît un avis conforme. La loi de 1883 n'exigeant plus cette dernière permission dépossède ainsi les conseils généraux de tout contrôle.

On a voulu excuser cette grave atteinte aux libertés communales en rappelant que le préfet, en cas de refus des dépenses obligatoires par les communes, avait le droit de les inscrire d'office au budget communal. Mais est-il besoin de faire remarquer que, dans ce cas, l'autorité administrative ne fait que consacrer un fait déjà établi qui impose la nécessité d'acquitter les dépenses correspondantes : lorsque, par exemple, le préfet inscrit d'office au budget communal les centimes de vicinalité ou de l'instruction publique, c'est parce que les communes ont déjà des routes et des écoles.

Par suite des dispositions de la loi de 1883, au contraire, le préfet peut dire souverainement à telle commune qu'une école doit être construite, «il décrète alors lui-même la cause de l'impôt (1) » ; « il n'est plus un tuteur éclairé, mais un maître » (2).

Les sacrifices consentis par l'Etat devinrent donc, en définitive, assez dangereux pour les communes.

1. M. de Fourtou, *Journal officiel*, Sénat, 14 mars 1883, page 300.

2. M. Goblet, *Journal officiel*, Chambre, 24 décembre 1882, page 2161.

RÉSUMÉ ET CONCLUSION

Nous avons fait connaître, dans les chapitres précédents, l'étendue du danger qui menace les communes, aujourd'hui grevées d'un passif de trois milliards et demi ; nous avons également étudié les règles administratives qui, si on les eût appliquées, auraient dû empêcher d'engager aussi gravement les finances communales.

A propos de chaque nature de ressources affectées au remboursement de la dette des communes, nous avons constaté que ces ressources sont toutes escomptées et que l'Etat n'a point su exercer le contrôle financier que lui réservaient les lois de 1837 et de 1867 et que lui conserve la loi de 1884. Bien plus, nous avons démontré que l'initiative des dépenses les plus considérables, dépenses dont nous ne contesterons pas l'utilité, mais la possibilité et l'urgence, n'a pas toujours appartenu aux communes.

Il est permis de dire avec M. Paul-Dubois que, « tuteur des communes, l'Etat les excite à la prodigalité, accapare le gros de leurs ressources et les oblige à se surcharger d'impôts ou à emprunter. Son droit légal de contrôle a fait place à un pouvoir tyrannique de contrainte » (1).

En matière de vicinalité, d'enseignement et d'assis-

1. M. Paul-Dubois, *op. cit.*, page 122.

tance, de nombreuses charges ont été, en effet, imposées à toutes les localités riches et pauvres par le législateur, et la sollicitude, que l'Etat, si prodigue déjà dans ses propres dépenses, a montré pour ces services communaux n'a été que trop funeste aux contribuables.

Ce n'est pas tout. Après avoir encouragé les communes à entrer dans une voie dangereuse pour leurs finances et pour celles de l'Etat dont le crédit est intimement lié à celui des communes, le législateur s'efforce aujourd'hui par ses tendances vers la suppression des octrois, de tarir une source de revenus importants, autant qu'assurés, qui gagent spécialement les dettes communales.

Au lieu de procéder par atténuations successives, l'Etat, comme toujours, veut « faire vite ». Il pousse non seulement au dégrèvement des boissons hygiéniques, mais à la suppression complète des taxes établies en matière d'octroi.

Les finances communales déjà épuisées et compromises par un passif formidable sont menacées d'un bouleversement complet. Et cependant, la puissance contributive des communes déjà trop escomptée doit, d'après les nouveaux projets de loi, être encore employée pour la réalisation des réformes d'assistance à l'ordre du jour. N'est-il pas permis de penser que l'Etat devrait supporter ces nouvelles charges et, pour le moment, se borner à subventionner les associations charitables privées, déjà existantes ? Il ne faut pas que la marche des peuples vers le progrès soit une marche vers la faillite !

Comment préparer un meilleur avenir qui, en l'état actuel, ne semble pas probable puisque la dette communale augmente? Où trouverons-nous le frein qui nous manque aujourd'hui en matière de dépenses communales, frein que nous avons reconnu indispensable dès le début de notre étude? Parmi les autorités diverses et multiples qui exercent le contrôle financier, en serait-il quelques-unes dont la surveillance est, dès à présent, suffisamment sévère et dont les pouvoirs devraient être augmentés au détriment d'autres autorités ?

Passons rapidement en revue ces autorités et résumons les observations que nous avons eu l'occasion de formuler au cours de cette étude.

Que faut-il penser, tout d'abord, du rôle que joue ou devrait jouer le Parlement pour arriver à des résultats meilleurs? Nous avons constaté, à propos du vote des contributions extraordinaires, des surtaxes d'octroi et surtout des emprunts à long terme, avec quelle facilité regrettable ces lourdes charges étaient consenties par les Chambres. Cette facilité a été reconnue plusieurs fois à la tribune des deux assemblées législatives par des orateurs d'opinions cependant bien adverses (1).

1. M. Clémenceau disait en 1882, à la tribune de la Chambre : « Nous voudrions, mes amis et moi, que le Parlement fût dessaisi des projets de loi d'intérêt local, sur lesquels nous nous prononçons tous les jours sans les avoir sérieusement examinés..... »..... « Quand on vient nous demander une surtaxe à l'octroi de Ploërmel, par exemple — nous n'étudions jamais le budget de Ploërmel ; à la rigueur nous pourrions l'étudier, mais personne n'y songe — nous votons de confiance, depuis l'extrême gauche jusqu'à l'extrême droite sur des questions qui ne sont pas de notre compétence ». (*Journal officiel*, Chambre, 24 décembre 1882, p. 2175.) Et, en 1884, M. le baron de Ravignan s'exprimait ainsi devant le Sénat : « Il est certain que les projets de loi dits d'intérêt local s'accumulent dans nos commissions, qu'ils sont examinés d'ordinaire et

Le Parlement, considérant de trop haut les besoins et les facultés des communes, est d'ailleurs mal situé pour jouer le rôle purement administratif qui lui est ici attribué exceptionnellement. En fait, toutes les demandes d'autorisation sont soumises aux Chambres dès le début des séances, et, après déclaration d'urgence, sont adoptées sans discussion par les rares représentants présents. ·

D'ailleurs, les Chambres ont elles-mêmes trop poussé au développement général des dépenses communales pour avoir la liberté et le droit de refuser les impositions, fussent-elles écrasantes, qui doivent servir à les acquitter.

En résumé, il faut éliminer le pouvoir législatif dont le rôle est insuffisant ou provocateur, néfaste en tous cas.

Tous ces graves reproches nous font approuver le projet de loi déposé par M. Barthou, qui enlève aux Chambres le droit d'autoriser l'établissement et la prorogation des surtaxes d'octroi, pour attribuer ce droit au Conseil d'Etat (1).

Nous regrettons même que cette réforme ne soit pas plus complète : c'est un décret en Conseil d'Etat qui, selon nous, devrait accorder les autorisations administra-

votés avec précipitation, parce qu'ils figurent en tête de notre ordre du jour, et qu'ils ont un caractère d'urgence qui résulte de leur nature même. En sorte que cet examen est au moins insuffisant, et je ne crois pas que, sauf quelques exceptions très rares qui confirment en quelque sorte la règle, des projets de cette nature aient été ajournés, ou à plus forte raison rejetés par nos assemblées législatives ». (*Journal officiel*, Sénat, 16 février 1884, page 390.)

1. Voir *Journal officiel*, Chambre, 28 octobre 1896.

tives réservées au pouvoir législatif en matière de contributions extraordinaires et d'emprunts.

Aujourd'hui, le Conseil d'Etat n'est appelé à donner son avis que pour l'établissement des taxes d'octroi, des contributions extraordinaires excédant 30 ans, et des emprunts remboursables sur ces mêmes contributions ; cependant, ce corps a toujours montré qu'il était suffisamment haut placé pour examiner les choses d'ensemble et rester étranger aux passions politiques et aux préjugés des localités.

Quant aux charges moindres qui deviennent pourtant si onéreuses par suite de leur multiplicité, nous avons déjà vu que le rôle des préfets et des conseils généraux chargés de les autoriser ne devait pas être augmenté.

Le contrôle des préfets n'offre pas, en effet, toutes les garanties désirables d'indépendance et d'impartialité. Les influences que les conseils municipaux ne savent que trop faire agir près d'eux, les obligent à donner les yeux fermés les autorisations que les conseils ne sollicitent qu'en apparence. D'autres critiques avaient déjà été formulées contre eux en 1867 lors de l'augmentation de leurs pouvoirs. Outre que le contrôle préfectoral est forcément ainsi plus politique que financier, « tout préfet a d'ailleurs son système particulier : celui-ci croit bien faire en poussant à la dépense, celui-là est partisan de l'économie ; l'un est surtout préoccupé de l'importance de telle branche du service ; cet autre, d'une branche toute différente. Les lois, les décrets, les instructions ministérielles seront sans doute uniformes ; mais les règles administratives sont nécessairement fort élastiques ; l'application est tout, et cette application variera de département à département, suivant les systèmes personnels des préfets ; l'unité administrative n'existera qu'en apparence (1). »

Les préfets étant trop souvent des fonctionnaires « de passage », les inconvénients que nous venons d'énumérer se produisent fréquemment dans un même département.

Est-ce à dire que le vote du projet de loi présenté en 1882 par M. Goblet, alors Ministre de l'Intérieur, projet qui enlevait aux préfets et au gouvernement central le pouvoir de contrôle pour le transférer aux conseils généraux, eût remédié à ces inconvénients ? Cela est peu probable.

Ainsi qu'on le fit ressortir lors de la discussion de ce projet, le Conseil général représente le département, et celui-ci n'a « aucune qualité, aucun titre pour contrôler la gestion des affaires communales. »

D'ailleurs, ces nouvelles attributions seraient pour les conseils généraux, comme leurs attributions présentes, trop souvent exercées en fait par les bureaux des préfectures, et les reproches adressés plus haut à l'administration préfectorale devraient ici encore être reproduits.

En outre, bien des mobiles particuliers empêcheraient les conseillers généraux, souvent hommes de parti, de statuer sans opinions préconçues en matière de finances locales (2).

1. Discours du président Bonjean. (*Moniteur universel*, 13 juillet 1867, page 931.)
2. Voir le rapport de M. de Marcère sur la loi du 5 avril 1884.

N'oublions pas, pour ne citer qu'un exemple, que la loi de 1867 a donné aux conseils généraux un pouvoir important d'appréciation : ils doivent, depuis cette loi, dans les limites du maximum fixé chaque année par les Chambres, déterminer à leur tour le maximum des centimes extraordinaires communaux.

Ils n'ont point tardé à abdiquer tout contrôle puisqu'ils votent régulièrement le maximum des centimes permis par la loi, ce qui permet de conclure qu'ils ne constituent ici, volontairement, qu'un rouage inutile.

Ainsi, d'une part, des autorités locales toujours prêtes à imposer des charges croissantes aux contribuables, d'autre part, une attitude complaisante des autorités centrales qui, non seulement, autorisent les nouveaux impôts communaux, mais encore les aggravent dans l'espoir de décharger d'autant l'Etat, oubliant que l'intérêt de ce dernier se confond ici avec celui des communes.

Quel obstacle est-il possible de dresser devant ces deux courants, puisqu'il faut aujourd'hui protéger à tout prix les intérêts privés opprimés au nom de l'intérêt public ?

De la nature du mal naît le remède : c'est aux particuliers eux-mêmes à se défendre. Qu'ils prennent part à la gestion des intérêts communs dont la loi les écarte et dont quelques-uns se désintéressent à tort, souvent par dédain des affaires politiques. Nous oublions, en effet, trop facilement, en France, que la commune n'est pas seulement une autorité publique, mais aussi « une association d'ordre économique et privé et, qu'en même temps qu'une collectivité de citoyens, elle représente un syndicat de particuliers unis pour la gestion de certains services matériels » (1). Il est vrai que le régime démocratique « néglige et efface le caractère privé de cette commune qui est le principal dans la vie pratique, et qui disparaît, absorbé par le premier, noyé dans le suffrage universel » (2).

D'autres avantages résulteraient de cette participation plus générale des citoyens à l'administration communale :

« Chez nous, les corps électifs, peu nombreux, relativement fermés, n'ont qu'un rôle accessoire et intermittent ; l'apprentissage du citoyen fait défaut, il n'y a de place que pour l'influence du fonctionnaire, nous n'avons ni les mœurs de la liberté, ni les instruments propres à nous les faire acquérir ; nous sommes nivelés, façonnés à la domination d'un homme ou d'un parti » (3).

Puisque le gouvernement central n'a point rempli son devoir naturel, il faut que les particuliers s'intéressent eux-mêmes aux affaires administratives les plus importantes dont la mauvaise gestion fait retomber sur eux des charges excessives. C'est donc dans la commune que nous plaçons notre espoir, mais dans la commune mieux représentée et mieux éclairée qu'aujourd'hui, et c'est à côté des conseils municipaux que nous voyons le seul remède capable de rendre plus difficile leur initiative en matière de dépenses.

1. M. Paul-Dubois, *op. cit.*, page 301.
2. M. Paul-Dubois, *op. cit.*, page 302.
3. M. Paul Deschanel, Journal *Le Temps*, 7 janvier 1891.

Dans cet ordre d'idées, un frein existait autrefois, grâce à *l'adjonction des plus imposés* qui, établie en 1818, fut supprimée en 1882.

Quand les plus imposés intervenaient-ils ? Ils intervenaient pour des affaires spéciales bien limitées. D'après l'article 6 de la loi du 24 juillet 1867 qui reproduit les dispositions de l'article 42 de la loi du 18 juillet 1837, le concours des plus imposés était exigé en matière de contributions extraordinaires et d'emprunts, dans les communes dont les revenus étaient inférieurs à 100.000 francs (1).

Certes, nous devons reconnaître que les lois de 1837 et 1867 établissaient une distinction inexplicable entre les communes, en n'exigeant l'adjonction des plus imposés que pour celles ayant moins de 100.000 fr. de revenus.

M. Ducrocq s'élève avec raison contre cette distinction qui soulevait de nombreuses contestations, surtout en matière d'emprunts, devant le Conseil d'Etat : « Dans les communes les moins importantes, le conseil municipal peut être composé, surtout par l'effet du suffrage universel, de non propriétaires disposés à voter des charges dont ils ne doivent recueillir que le profit ; mais cela se voit aussi dans des communes ayant un revenu supérieur à 100.000 francs ; alors, cependant, l'emprunt est voté par le conseil municipal seul » (2).

1. Les plus imposés devaient être, en outre, adjoints aux conseillers municipaux en cas de délibérations sur les modifications des circonscriptions communales (articles 2, 3, 4 de la loi du 18 juillet 1837), et, en cas de délibération sur la mise en valeur des marais ou des terres incultes appartenant aux communes et sur le reboisement des montagnes (articles 3 et 5 de la loi du 28 juillet 1860.)

2. Ducrocq, *op. cit.*, n. 1455.

Le reproche général qui emporta le vote de la loi de 1882 fut que l'adjonction des plus imposés était contraire aux principes généraux de notre droit public (1). Elle permettait « à certains citoyens d'exercer un véritable privilège uniquement dû à leur richesse, » bien que, d'après les principes constitutionnels. les élus du peuple aient seuls le droit de légiférer et de voter l'impôt.

Pour répondre à ce reproche, on faisait observer que les conseillers municipaux ne votent pas réellement d'impôt, et qu'en matière de finances, ils n'ont qu'un pouvoir délégué du Parlement, puisque la constitution de 1791 décide que : « Les contributions publiques sont délibérées et fixées chaque année par le corps législatif ».

Dès lors, puisque la loi seule établit les limites dans lesquelles peuvent se mouvoir les conseils municipaux, la loi peut, sans se mettre en contradiction avec les principes constitutionnels, fixer les conditions auxquelles sera subordonné le pouvoir de ces conseils (2).

Outre ce reproche général, d'autres reproches plus spéciaux et moins plausibles avaient été formulés. Les défenseurs du projet de loi assuraient que l'adjonction des plus imposés était un obstacle au vote de dépenses utiles. Les plus imposés faisaient, disaient-ils, « une opposition systématique » et usaient délibérement d'un droit de veto sur les principaux actes des conseils municipaux, conseils dont, le plus souvent, ils avaient été exclus par les électeurs (3).

1. Rapport de M. Emile Labiche, *Journal officiel*, Sénat, 14 avril 1882, page 166.

2. *Journal officiel*, Chambre, 22 mars 1882, page 367.

3. *Journal officiel*, Sénat, 2 avril 1882, page 375.

Les partisans de l'adjonction répliquèrent, lors de la discussion de la loi de 1882, que jusqu'alors le développement des dépenses communales avait été cependant fort inquiétant puisque, de 1837 à 1876, une augmentation de 35 pour 100 avait été constatée en matière d'impôts directs communaux. Si donc, malgré cette opposition systématique de quelques contribuables, la progression de dépenses avait pu être si rapide, il est probable que, sans elle, elle aurait été effrayante.

On ajoutait enfin qu'il appartenait à l'administration seule et non aux citoyens eux-mêmes d'établir le contrôle financier.

Ce serait en effet véritablement le rôle de l'administration, mais il faudrait qu'elle le remplît. Les défenseurs du projet de loi étaient bien obligés de constater, et nous l'avons constaté après eux, qu'il n'en était pas ainsi, puisqu'ils promirent, au cours de la discussion, que la future loi sur l'organisation municipale établirait des garanties nouvelles.

Ces garanties, nous les attendons toujours ; la loi de 1884 ne les a pas créées, et nous avons vu qu'au contraire, cette loi augmente le pouvoir des conseils municipaux débarrassés maintenant d'un frein gênant. On a donc supprimé une garantie évidente, avant de la remplacer et avant même de savoir comment on la remplacerait.

DU REFERENDUM COMMUNAL

§ 1. — *Définition.*

En combattant le principe de l'adjonction des plus
imposés, au cours de la discussion de la loi tendant à
abroger les dispositions antérieures permettant cette adjonction, le rapporteur disait, en 1882, au Sénat : « Si,
un jour, on vient nous demander, au nom de la démocratie, de généraliser la mesure de l'intervention des contribuables ; si l'on vient nous proposer, dans certains cas
d'un intérêt considérable, non pas que les plus privilégiés
soient assimilés aux mandataires de la commune, mais
que tous les contribuables, sans exception, soient admis
dans les grandes assemblées primaires à venir donner
leur avis, alors nous pourrions rechercher ensemble les
moyens d'appliquer cette mesure démocratique » (1).

Cette intervention directe de tous les citoyens dans la
gestion des affaires publiques, porte le nom général de
referendum.

Appliqué à la gestion des affaires communales, ce
referendum pourrait s'exercer de deux manières bien
distinctes :

On conçoit, tout d'abord, qu'il soit employé pour sou-

1. *Journal officiel*, Sénat, 1er avril 1882, page 356.
Farge 14

mettre à la ratification des habitants les décisions des conseils municipaux et, notamment, celles de ses décisions qui engagent les finances communales ; c'est la forme qu'il affecte en Suisse. Il intervient *après* que la décision a été prise, afin de corroborer, ou non, celle-ci.

On peut, en second lieu, concevoir que les habitants d'une commune soient *préalablement* consultés sur une affaire déterminée, de telle sorte que la décision ne soit prise définitivement par l'assemblée communale qu'après que celle-ci a recueilli l'avis de ceux qui lui ont confié la gestion de leurs intérêts.

C'est à ce dernier point de vue que nous nous placerons ; nous nous attacherons à démontrer qu'il y aurait lieu d'introduire en France, pour ce qui concerne la gestion des intérêts financiers des communes, le referendum en tant que celui-ci précède et par conséquent éclaire la délibération municipale au lieu de se contenter de la corroborer après coup.

§ 2. — *Le Referendum communal à l'étranger.*

L'idée qui consiste à demander, pour certaines questions, l'avis préalable des citoyens eux-mêmes, alors que cependant des conseils représentent ces derniers, n'est pas absolument nouvelle ; mais ce n'est guère que depuis quelques années qu'on la voit préconisée ou même quelquefois appliquée dans plusieurs pays.

En Suisse, le referendum existe et fonctionne normalement en matière politique ; d'autre part, les communes possèdent une grande autonomie, et, au point de vue

financier, par voie de vote direct, les citoyens exercent
souvent, sur le budget communal, une influence prépon-
dérante (1). Nous ne croyons pas qu'il faille, en France,
aller aussi loin que le permet la législation de certains
cantons suisses (ou de certaines villes des Etats-Unis),
dans laquelle le corps des électeurs décide souverainement en matière de finances communales, le conseil
municipal ne jouant plus alors que le rôle d'un simple
surveillant de la gestion de l'autorité exécutive communale. Nous pensons que le conseil doit seulement prendre l'avis des contribuables avant de voter certaines
dépenses considérables, sans que cette consultation impli-
que, à son détriment, une abdication absolue.

Le referendum, tout au moins le referendum facultatif, tend à s'implanter de plus en plus, en Suisse, en ce
qui concerne les matières municipales (2). Le canton de
Genève, notamment, l'a adopté par une loi du 12 janvier
1895, et il est fort probable que les autres cantons ro-
mands suivront bientôt son exemple.

En Angleterre, on le sait, l'organisation municipale
présente à la fois la plus grande diversité et la plus grande
indépendance vis-à-vis du pouvoir central. Dans un
certain nombre de communes, lorsqu'il s'agit d'établir
un nouvel impôt ou de faire une dépense extraordinaire,

1. « Le 28 juin 1896 a eu lieu à Berne une série de referendum
« urbains... On a rejeté par 2.270 voix contre 1.395, un projet re-
« latif à l'organisation du corps des pompiers. Par 2.579 voix contre
« 1.066, on a voté une diminution du prix du gaz, et par 3.050
« contre 517, une proposition sur les charges d'entretien de la tour
« de la cathédrale ». (*Revue politique et parlementaire*, août 1897).
2. Voir la loi des communes du 5 mars 1888, articles 89 et 90.
(*Annuaire de législation étrangère*, 1888, page 710.)

le conseil municipal consulte les électeurs sur l'opportunité de la mesure que l'on se propose de prendre.

Pour cela, on fait distribuer à chaque électeur un imprimé mentionnant, avec toutes les explications nécessaires, les divers points sur lesquels il doit se prononcer ; chaque électeur fait connaître son opinion par oui et par non sur cet imprimé, avec signature à l'appui (1).

Cette consultation préalable est, à notre avis, ainsi que nous l'établirons plus loin, le véritable frein aux dépenses exagérées que votent trop souvent, en France, les conseils municipaux.

La législation italienne ne nous offre pas, en matière de gestion des finances communales, un referendum par voie de consultation antérieure à la décision à prendre, mais elle nous présente le referendum-ratification : « Je ne parle pas seulement des grandes communes, dont les faillites ont fait du bruit, mais aussi des petites. Est-ce que vous ne savez pas que cette situation financière a tellement frappé les esprits en Italie que, dans la loi nouvelle sur l'organisation des communes italiennes, on a pris des mesures pour qu'à l'avenir les communes ne puissent voter les impositions extraordinaires qu'après une décision rendue par le conseil municipal aux deux tiers des votants, et ratifiée par une assemblée d'électeurs ? » (2).

Mais la consultation préalable des électeurs par les corps constitués est, en matière communale, précopisée par M. de Rudini (3).

Le système qui a nos préférences a été autorisé en Bel-

1. Journal, « *La Ville de Paris* », 1880, n. 23, page 363.
2. F. Dreyfus, *Journal officiel*, 9 février 1883, page 252.
3. *Journal des Economistes*, avril 1897, n. 30, page 50.

gique par le Ministre de l'Intérieur et de l'Instruction
publique ; en effet, dans sa dépêche du 11 décembre 1897,
le ministre estime que cette manière de procéder n'est
pas contraire à la législation actuellement existante dans
ce pays : « Appliqué pour des objets d'interêt communal,
le referendum me paraît devoir être admis. Il faut qu'il
soit appliqué seulement à des objets qui sont de la compétence du conseil communal. Il faut, en outre, qu'il
soit organisé à titre de *simple mesure d'instruction*, c'est-
à-dire que les vœux exprimés par les habitants ne peuvent lier le conseil communal qui reste libre de prendre
la décision qui lui conviendra. Il peut se ranger à l'a-
vis des habitants exprimé par le referendum, mais il
peut aussi passer outre. Sous cette réserve formelle, le
referendum organisé n'est qu'un mode d'information
que l'article 75 de la loi communale permet au Conseil,
de prescrire en vue d'éclairer avant de résoudre les questions d'intérêt communal (1) ».

Cette « mesure d'instruction », ce « mode d'information » qu'approuve avec beaucoup de raison, suivant
nous, le Ministre belge, a été, à une époque toute récente, pratiquée en France par un certain nombre de
conseils municipaux ; ce sont ces consultations officieuses que nous voudrions voir ériger en système normal,
et sanctionnées par le législateur. Etudions-les.

1. *Revue municipale*, 12 novembre 1898, page 873.

§ 3. — *Applications officieuses en France du referendum communal.*

En France, les conseils municipaux se sont trouvés bien souvent appelés à résoudre, soit à propos d'incidents spéciaux de la vie municipale, soit à propos de la gestion des finances de la commune, des questions qui suscitaient, parmi leurs administrés, des polémiques passionnées et soulevaient une très vive opposition.

C'est alors que, peu à peu, l'idée s'est fait jour, en quelque sorte, d'associer les électeurs à la marche générale des affaires de la commune.

Avant de prendre une décision grave, et aussi pour éviter les reproches et les critiques qui, par la suite, auraient pu, à l'occasion de ces mêmes décisions, être adressées aux conseils municipaux, ceux-ci ont quelquefois estimé bon, et nous pensons qu'ils n'avaient pas tort, de prendre au préalable, et à titre officieux, l'avis de leurs commettants.

Notamment quand il s'est agi de contracter des emprunts pouvant grever lourdement et pour de longues années le budget communal, ces conseils ont sollicité l'avis de ceux qui devaient contribuer au paiement des charges éventuelles. En 1888, la municipalité de Cluny (Saône-et-Loire) demande aux électeurs s'il y a lieu pour la ville d'emprunter les sommes nécessaires à la construction d'une caserne afin de loger un bataillon dont le Ministre offrait la garnison. Le vote eut lieu, dans la salle de la mairie, comme pour une élection municipale;

les deux tiers des électeurs inscrits prirent part au vote qui montra que la majorité était opposée à l'emprunt (1).

En 1897 (2), la même question se pose à Pont-Audemer : doit-on demander un quatrième bataillon et faire, par suite, les frais nécessaires au casernement ? Sur 1703 électeurs inscrits, 962 ont pris part au vote ; 459 ont voté oui, 541 ont voté non ; conformément aux résultats donnés par cette consultation, le conseil municipal n'a pas voté les fonds nécessaires.

A Auch, les frais d'établissement d'un quatrième bataillon ont encore motivé un referendum préalable (3). Le conseil municipal avait demandé au préfet l'autorisation de recourir à ce mode de consultation. Cette demande étant restée sans réponse, voici le procédé qui fut employé : Une réunion publique fut organisée au théâtre, afin d'expliquer aux électeurs les avantages et les inconvénients de la mesure, objet de la consultation ; une notice fut, de plus, adressée aux intéressés ; enfin les électeurs furent invités à venir donner leur avis au domicile particulier de personnes désignées.

Signalons encore, le 4 juillet 1898, toujours à propos de la création de casernes pour un quatrième bataillon, un referendum qui, à Fougères, donna, à une majorité énorme, un résultat opposé à toute dépense nouvelle (4).

Les électeurs ont aussi été appelés à se prononcer, par voie de referendum, sur d'autres questions spéciales, dont nous signalerons les principales (5).

1. M. Acollas, *op. cit.*, page 183.
2. *Revue municipale*, n. 1, 30 octobre 1897.
3. *Revue municipale*, n. 21, 19 mars 1898.
4. *Revue municipale*, n. 40, 30 juillet 1898.
5. M. Acollas, *op. cit.*, page 183.

Le referendum par voie de consultation préalable est appliqué : à Bagnols, en 1888, pour déterminer l'emplacement d'un marché ; — à Neuilly-sur-Seine, en 1893, pour savoir s'il y a lieu ou non à la continuation de la fête ; — à Beauvais, en 1896, pour consulter la population sur l'opportunité du rétablissement de la procession de Jeanne Hachette ; — à Dijon, en 1897, pour recueillir l'avis des citoyens sur la question de la suppression des octrois (le préfet ayant refusé d'autoriser ce referendum, le vote eut lieu à la Bourse du travail) ; — au Blanc, en 1897, à la suite d'une demande des commerçants au conseil municipal de cette ville, sur la question de savoir si les marchands forains devaient continuer à venir faire concurrence aux marchands de la ville (1). — Enfin, en avril 1898, les électeurs de Saint-Nazaire furent consultés sur l'opportunité qu'il pouvait y avoir à racheter le monopole de la distribution des eaux, moyennant une indemnité de 1.900.000 francs à verser à la compagnie des eaux, étant donné qu'un emprunt remboursable en 75 annuités et gagé par les recettes de l'exploitation deviendrait nécessaire. Les électeurs furent régulièrement convoqués dans leurs sections habituelles de vote et priés de se prononcer par oui ou par non (2). La solution affirmative fut admise.

En présence de ces tentatives isolées, mais qui n'en attiraient pas moins l'attention, des conseils municipaux ont émis des vœux pour que le referendum communal, tel que nous venons d'en présenter des exemples, fût

1. *Revue municipale,* n. 3, 13 novembre 1897. La majorité se prononça en faveur des marchands forains.
2. *Revue municipale,* n. 26, 23 avril 1898.

rendu incontestablement légal, réglementé de façon précise, appliqué à des cas bien nettement déterminés, en un mot, érigé en système d'administration municipale.

A Bergerac et à Morlaix, notamment, les conseils municipaux ont émis un avis favorable à l'application du referendum en matière municipale, lorsqu'il s'agit de statuer sur des questions importantes. De même, à Montluçon et à Auxerre, les conseils ont émis un vœu en faveur du referendum communal, pourvu que l'emploi en soit limité aux questions de finances (1). Cependant le conseil municipal de Dieppe a émis un avis défavorable.

Dans les développements qui précèdent, nous avons, à plusieurs reprises, signalé l'opposition faite par les préfets au libre exercice du referendum communal.

Nous avons donc à examiner maintenant, dans la législation française actuelle, si ce mode de procéder réunit toutes les conditions nécessaires à sa légalité.

§ 4. — *Circulaire d'interdiction. Examen de la législation actuelle au point de vue juridique.*

Le 23 mars 1889, le Ministre de l'Intérieur, M. Constans envoyait aux préfets une circulaire (2) dans laquelle il ordonnait à l'autorité préfectorale de s'opposer au referendum communal tel que nous l'avons exposé.

1. *Revue municipale*, n° 27, 30 avril 1898.
2. *Bulletin du ministère de l'Intérieur*, année 1889, page 146.

« Les conseils municipaux de diverses communes, disait la circulaire, avant de prendre une décision sur certaines questions d'intérêt local, ont cru pouvoir consulter le corps électoral par la procédure appelée referendum.

« Dans un de ces cas particuliers, où il s'agissait d'un projet d'emprunt, des cartes spéciales ont été distribuées à chaque électeur avec deux bulletins portant : l'un, pour l'acceptation, oui ; l'autre en cas d'opposition, non ; en outre, une note faisait connaître le montant des impôts actuellement payés par le contribuable et le chiffre qu'ils atteindraient après le vote de l'emprunt (1).

« Des faits de cette nature, jusqu'ici isolés, semblant tendre à se généraliser, plusieurs de vos collègues m'ont demandé des instructions sur la légalité du procédé adopté par quelques municipalités et sur les mesures qu'il conviendrait de prendre dans le cas où il serait reconnu illégal.

« Je n'hésite pas à me prononcer en ce dernier sens, car il est hors de doute que la consultation de l'assemblée générale sur une question d'administration communale est contraire au régime représentatif qui est la base de nos institutions politiques et de notre organisation administrative.

« En effet, le referendum constitue une intervention directe des citoyens dans la question des intérêts publics que, seuls, les mandataires élus du peuple ont qualité pour administrer, sauf, s'il y a lieu, homologation ulté-

---

1. Ce système a toutes nos préférences, non seulement, dans son principe, mais encore dans son mode d'application.

rieure de certaines délibérations des conseils électifs par les autorités compétentes.

« Sans doute, les conseils municipaux ont le droit et le devoir de consulter les vœux de la population, mais seulement dans les termes légalement établis.

« Ils peuvent, soit en posant leur candidature, soit après avoir accepté le mandat de leurs concitoyens provoquer des réunions publiques ; ils peuvent, au besoin, s'ils ne veulent pas prendre la responsabilité d'une mesure déterminée, donner leur démission, et faire ainsi le corps électoral juge de la question. La loi elle-même, ordonne, dans certains cas, qu'il sera procédé à une enquête, dans laquelle les intéressés sont invités à faire connaître leur avis. Mais, en dehors de ces circonstances spéciales, le referendum, qu'il ait pour objet de consulter au préalable le suffrage universel ou de soumettre à sa ratification les décisions prises, n'est ni prévu, ni légal, et ne saurait être appliqué par voie d'initiative individuelle ou collective ».

La circulaire fait remarquer ensuite, d'une part, que, lors même que des engagements en ce sens auraient été pris par les élus devant le corps électoral, ces engagements seraient nuls, par application des règles du mandat impératif, et que, en l'absence de toute réglementation sur ce point (1), les conseils municipaux emploieraient des modes de consultation non uniformes ; d'autre part, que le droit de convoquer les électeurs appartient non aux conseils municipaux, mais au préfet et au Président de la République. « J'ajoute que des convocations trop

____

1. C'est précisément cette réglementation que nous voudrions voir introduire dans la législation municipale.

fréquentes du corps électoral seraient de nature à occasionner des dérangements inutiles aux citoyens soucieux d'user de leurs droits et d'accomplir leurs devoirs civiques et pourraient, d'autre part, entraîner des abstentions regrettables lorsque le suffrage universel viendrait à être légalement consulté ».

En conséquence, le Ministre prescrit aux préfets d'annuler, en vertu des art. 63 et 65 de la loi du 5 avril 1884, les délibérations par lesquelles les conseils municipaux décideraient de recourir au referendum.

Les arguments présentés par la circulaire contre la validité du referendum, en tant que constituant actuellement, pour les conseils municipaux, un mode facultatif de consultation des citoyens, ne nous ont pas convaincu.

Signalons, tout d'abord, dans la circulaire, une contradiction. Le referendum, dit-on, serait cause d'une convocation trop fréquente des électeurs, ce qui pourrait exciter trop souvent les passions politiques, faire naître dans la commune des discussions sans cesse répétées, d'autre part, les électeurs finiraient par se fatiguer de voter continuellement, ils ne se rendraient plus aux scrutins.

Et un peu plus haut, la circulaire indique comme moyen de faire statuer les électeurs sur les mêmes questions, celui consistant, pour les conseillers municipaux, à démissionner pour provoquer des élections nouvelles qui se feront sur le programme de l'opportunité de ces mesures.

Nous ne voyons pas pourquoi le second procédé n'aurait

pas les inconvénients que, d'après la circulaire, présenterait le premier.

La circulaire, en second lieu, dit que le mode de referendum qu'elle interdit, détruirait le régime représentatif. Cette conséquence pourrait être exacte s'il s'agissait d'une consultation nécessaire à corroborer une décision votée. Mais ici, le referendum n'est qu'une enquête préalable dans laquelle chacun est prié de venir donner son avis. Aujourd'hui, dans un assez grand nombre de cas, les enquêtes préalables *de commodo* et *in commodo* ont lieu sans que le régime représentatif soit atteint ; la généralisation de cette mesure d'instruction ne l'atteindrait pas davantage. Pourquoi ne pas permettre aux conseils municipaux de s'éclairer de l'avis des citoyens ? L'article 61 de la loi municipale pose, il est vrai, comme un principe général, que le conseil municipal règle par ses délibérations les affaires de la commune ; nous ne pensons pas que le referendum que condamne la circulaire soit contraire à cette disposition, puisque les délibérations définitives du conseil, postérieures à cette consultation, n'en seront que plus conformes aux besoins de la commune.

Conformément aux prescriptions de cette circulaire, quelques arrêtés préfectoraux (1) sont venus annuler les délibérations par lesquelles les conseils municipaux

1. Un arrêté du 27 novembre 1892 annula une décision du Conseil municipal de Paris qui soumettait aux électeurs la question de savoir si la Ville prorogerait son traité avec la compagnie du gaz, et à quelles conditions. Même annulation pour la question du métropolitain. A Suresnes, le conseil municipal a vu annuler la délibération par laquelle il décidait de consulter les habitants sur la question des pompes funèbres.

décidaient de provoquer, sur certaines questions, l'avis de leurs administrés.

Mais cette circulaire, qui d'ailleurs n'a aucune valeur législative, est aujourd'hui tombée en désuétude.

Concluons : nous estimons que rien n'empêche, dans notre législation municipale actuelle, les conseils municipaux de s'éclairer, avant de statuer, au moyen d'une consultation préalable des électeurs de la commune.

Nous avons à nous demander maintenant si ce referendum qui, aujourd'hui, en tant que facultatif, est, à notre avis, licite, ne devrait pas être déclaré obligatoire par le législateur, à titre de consultation préalable, dans certaines questions intéressant les finances communales.

§ 5. — *Le Referendum devant le Parlement.*

Tout d'abord, dans ces dernières années, la question du referendum s'est plusieurs fois posée devant la Chambre des députés.

Au moment de la discussion de la loi municipale, nous voyons plusieurs propositions en faveur d'un referendum nécessaire pour homologuer, ratifier les dépenses communales une fois votées (1) ; nous ne nous y arrêterons

---

1. Signalons : 1° La proposition de M. de Lanessan, sur l'organisation de la commune cantonale, soumettant au referendum le budget communal au cas où le conseil inscrit à ce budget une augmentation de dépense, et le vote des emprunts (*Journal officiel*, 23 mai 1883, pages 517 et suivantes) ; — 2° l'amendement de M. Sigismond Lacroix qui demandait, pour Paris, qu'un referendum approuvât les emprunts que le conseil municipal voudrait contracter

pas puisque nous préconisons un mode de consultation, antérieur au vote du conseil sur le fonds du projet et non une ratification postérieure à ce vote.

Dans cet ordre d'idées, nous signalerons avant tout la proposition de loi suivante qui, en 1897, fut présentée à la Chambre des députés par MM. Argeliès, Compayré, Gauthier de Clagny, baron Le Senne, Chevillon, Pierre Richard, Marcel Habert, Paulin Méry, Michelin, Ernest Roche (1).

Cette proposition avait pour but d'ajouter à l'article 51 de la loi municipale de 1884 les dispositions suivantes :

« Dans la forme ordinaire de ses délibérations, le conseil municipal peut provoquer, sur toutes les questions d'ordre économique ou administratif qui rentrent dans ses attributions, le referendum communal, ou vote des électeurs municipaux, et en régler le mode.

« La délibération qui décide ce referendum est transmise, dans la huitaine, au préfet, par l'intermédiaire du sous-préfet.

« Dans le nouveau délai d'un mois, le préfet, par un arrêté publié dans la commune quinze jours au moins

---

(*Journal officiel*, 7 novembre 1883) ; — 3° un amendement analogue de M. Delattre (*Journal officiel*, 1883, A. 518) ; — 4° la proposition de M. de Mackau (16 juin 1890), par laquelle un referendum, facultatif d'ailleurs pour les conseils municipaux devait intervenir, s'il était sollicité par le conseil, pour sanctionner ou repousser les projets relatifs à la gestion des finances communales ; 312 voix (contre 187), refusèrent de prendre en considération ce projet qui, par la fixation de majorités diverses, déterminées surtout d'après la part contributive des votants, et forçant, par suite, ceux-ci à se faire connaître sur leur bulletin de vote, semblait indirectement rétablir le système de l'adjonction des plus imposés.

1. *Journal officiel*, Chambre, 27 novembre 1897.

avant le jour de vote qui doit toujours être un dimanche,
fixe les date, lieu, heure et conditions matérielles du
referendum. Le vote a lieu, et les résultats en sont trans-
mis conformément aux dispositions relatives aux élections municipales.

« Le referendum communal tiendra lieu de l'enquête
de commodo et incommodo, si cette enquête est exigée
par les lois et règlements sur le sujet qui aura motivé
la consultation des électeurs. »

Le referendum préalable, à titre d'enquête, et donnant
lieu à un vote qui servira d'indication à la décision définitive que prendra le conseil municipal sur le point qui
faisait l'objet de la consultation, tel semble être le but
que se proposent les auteurs du projet précité. Dans ces
conditions, il nous semble réunir, en ce qui concerne
toute augmentation des dépenses communales, c'est-à-
dire en ce qui concerne notre sujet, toutes les garanties ;
il ne pèse sur les conseils municipaux que par sa portée
morale (1), mais il est évident que celle-ci est considérable, et aura pour effet salutaire, croyons-nous, d'arrêter les conseils municipaux sur la pente dangereuse où
beaucoup, nous l'avons montré, se laissent trop facilement entraîner. Il sera particulièrement efficace en matière d'emprunts communaux.

§ 6. — *Objections contre le referendum préalable.*

Le projet de referendum préalalable, que nous désire-

---

1. Les « édiles » n'auraient donc pas seulement, ainsi que le dit
M. Strauss, « à jouer les Ponce-Pilate à la mairie ». D'ailleurs bien
d'autres questions leur restaient à trancher puisque nous n'admettons le referendum que pour les dépenses nouvelles.

rions voir devenir obligatoire, en tant que consultation,
toutes les fois que les conseils municipaux veulent créer
une dépense nouvelle augmentant les charges déjà si
lourdes qui pèsent sur les contribuables, a soulevé un
certain nombre d'objections.

Le referendum communal, dit-on tout d'abord, a le défaut de ne pas être assez indépendant des coteries (1).
Rien n'est moins certain. Certes, en matière politique,
des coteries se forment dans une commune ; mais, lorsqu'il s'agit de payer des contributions, et c'est là le
point de vue sous lequel nous nous plaçons exclusivement,
l'intérêt personnel a une tendance certaine à se dégager
de l'esprit de coterie. Si un travail est réellement utile à
la commune, les habitants y ont aussi intérêt, ils l'approu-
veront ; autrement, non.

On a également remarqué que dans ces dernières
années, les consultations officieuses que nous voudrions
officielles, ont souvent repoussé tout projet d'accroissement des charges communales ; donc, dit-on, le referendum aboutira le plus souvent à un refus des emprunts,
et écartera toutes les charges nouvelles (2). Ce résultat
n'est pas, répondrons-nous, un inconvénient bien grave,
puisque nous cherchons à mettre un frein aux dépenses
que les conseillers municipaux votent trop souvent avec

1. *Journal des Economistes*, 30 avril 1897, page 50.
2. « Le danger sera toujours que toute dépense d'avenir, toute
mesure qui n'aurait pas un caractère d'intérêt immédiat fut écartée
fatalement » (*Revue Bleue*, 27 novembre 1897). Mais, répondrons-
nous, si les dépenses en question conduisent les communes à la
faillite, n'est-il pas encore plus prudent de renoncer à « ces dépenses d'avenir ».

Farge15

l'argent de leurs administrés. Même l'inconvénient signalé ici est, à nos yeux, un avantage.

Du reste, si dans ces dernières années, les conseils
municipaux organisaient d'eux-mêmes un referendum
par des procédés auxquels l'autorité administrative (1) se
montrait plutôt hostile, c'est que la mesure à prendre
rencontrait une forte opposition ou ne présentaitpas une
opportunité absolue; les résultats produits, dans ces conditions, par ces essais de referendum, ne doivent donc
pas nous surprendre.

Que devient, dit-on encore, avec le système du referendum, l'autorité préfectorale qui doit, dans beaucoup
de cas, approuver les délibérations des conseils municipaux? Elle reste entière, répondrons-nous, puisque, dans
notre système, le referendum est, non postérieur, mais
antérieur au vote du conseil.

Enfin, l'objection tirée de ce que les électeurs sont
ignorants, incompétents (2), ne nous semble pas davantage fondée, car peu à peu, cette ignorance, cette incom-
pétence, en admettant qu'elles existent, disparaîtront par
l'exercice même du referendum. Si d'ailleurs les communes sont actuellement obérées par suite des lourdes dé-

1. « Il est singulier de constater que l'administration supérieure
n'a pas hésité à provoquer de véritables referendum, à sa façon, il
est vrai, notamment lorsqu'en mars 1894, la préfecture de la Seine
consultait par voie de circulaires, 22.000 commerçants parisiens (qui,
pour la plupart, répondirent immédiatement), sur la question des
« concessions sur la voie publique ». (Exposé des motifs de M. Argeliès.)

2. On a dit que les électeurs ne se dérangeront pas pour faire
connaître leur opinion : les exemples que nous avons cités plus haut
montrent le contraire, bien que ces consultations fussent loin d'être
favorisées par l'autorité préfectorale.

penses qu'a entraînées la construction des écoles, il faut espérer que ces dépenses produiront au moins ce résultat de développer, chez les électeurs, une instruction qui les mettra à même de discuter leurs intérêts.

§ 7. — *Du referendum consultatif obligatoire.*

L'adoption du referendum municipal est d'ailleurs demandée en France par des publicistes appartenant à tous les partis politiques. Nous avons eu plus haut l'occasion de citer la proposition de M. de Mackau, nous pourrions signaler aussi les délibérations prises dans le sixième Congrès de la Fédération des conseillers municipaux socialistes (1) et enfin le vœu du Conseil général de la Seine (2) qui, le 27 novembre 1897, demande à l'unanimité « que le Parlement introduise dans notre législation la faculté, pour les conseils municipaux, d'interroger le corps électoral, par voie de referendum, sur les questions d'ordre économique ou administratif qui rentrent dans leurs attributions, toutes les fois que la majorité de leurs membres le jugera utile ».

Nous demandons plus et moins. Nous demandons plus parce que nous voudrions qu'il y eût non faculté mais obligation pour les conseils municipaux de consulter les électeurs, avant de prendre une décision.

Nous demandons moins, parce que nous voudrions que

1. *Revue municipale*, 3 décembre 1898, page 915.

2. Le conseil général de l'Oise a formulé un vœu analogue, le 19 avril 1898. (*Recueil des procès-verbaux du conseil général de l'Oise*, page 164.)

le referendum préalable fût restreint au seul cas où des dépenses sont proposées, ayant pour effet d'augmenter les charges des contribuables.

Le referendum resterait alors purement communal, purement pécuniaire, si l'on peut ainsi s'exprimer, et n'aurait alors aucun caractère politique, alors qu'il pourrait, au contraire, sur d'autres questions, avoir un semblable caractère.

Le referendum serait un mode de consultation, à notre avis, plus efficace que celui des enquêtes *de commodo et incommodo* (1), qu'il aurait pour effet naturel de remplacer dans les cas particuliers où ces enquêtes sont exigées par la loi. Car, au cours de ces enquêtes, les principaux contribuables comparaissent seuls ; de plus, la nécessité de donner son nom quand on vient s'opposer à un travail soumis à l'enquête, l'obligation de signer, etc... constituent une gêne pour l'intervenant, gêne que le referendum, procédant au moyen du vote secret, aurait pour résultat de faire disparaître.

Tout le monde se plaint en France de la centralisation excessive à laquelle on est arrivé ; d'autre part, et c'est là une conséquence de la centralisation, « la France n'est « pas, ainsi que le remarque M. Paul Deschanel, une dé-« mocratie » (2). Il importe donc de substituer peu à peu l'action des citoyens à celle des fonctionnaires ; le referendum communal pourrait aider à obtenir ce résultat : « Pour prendre comme exemple la France, je crois que le referendum municipal formerait le peuple à l'exercice

1. L'existence de ces enquêtes, en tous cas, montre bien qu'il est des cas où la loi estime bon de prendre l'avis des citoyens.

2. Journal « *Le Temps* », 10 janvier 1891.

de la démocratie et mettrait des bornes à la bureaucratie » (1). Il obligerait les citoyens à discuter les questions économiques (2), à se rendre un compte exact des besoins de la commune, à examiner ces besoins, à concourir efficacement à la vie municipale : l'établissement des hôpitaux, des casernes, des lycées, des marchés, des écoles, tout ce qui, en un mot, peut aujourd'hui obliger une commune, pourrait n'être voté par le conseil municipal qu'après que ce dernier se serait assuré qu'il est d'accord sur ces points avec ceux qui doivent supporter les conséquences fiscales des travaux projetés.

Mais, surtout, nous demandons un referendum consultatif, mais obligatoire pour les conseils municipaux lorsqu'il s'agirait de contracter des emprunts et, d'une manière plus générale, de décider des travaux d'intérêt communal dont le résultat serait d'augmenter sensiblement le chiffre des contributions communales.

Voci comment nous concevons la mise en pratique du système que nous préconisons :

Le conseil municipal délibérerait une première fois. Puis, s'il estimait que la dépense nouvelle ne doit pas être repoussée *de plano*, avant de prendre une décision définitive, il devrait avertir la population que tels travaux sont proposés d'utilité communale ; que, d'autre part, les travaux projetés, s'ils étaient exécutés, conduiraient, soit à l'emprunt de telle somme, soit au vote d'un nombre déterminé de centimes additionnels nouveaux.

Cette première délibération, ainsi que la discussion

1. Théodore Curti, *Revue politique et parlementaire,* août 1897.
2. *Journal des Economistes*, n. 30, avril 1897, page 50.

qui aurait eu lieu à ce sujet, recevraient la publicité nécessaire ; il en serait de même des pièces annexes (rapports, projets, etc).

Cette publication ouvrirait une sorte de période d'études, pendant laquelle les habitants pourraient se concerter, discuter, examiner isolément ou en réunion publique les avantages et les inconvénients de la mesure projetée ; des circulaires, des manifestes, des affiches, des consultations individuelles demandées aux conseillers municipaux, etc... pourraient également éclairer la population. Enfin, celle-ci voterait, par oui ou par non, sur la question de savoir si le projet doit ou non être adopté.

Ce vote ne lierait pas le conseil municipal, il n'aurait qu'une portée morale, mais une portée évidemment considérable.

Puis, le conseil municipal statuerait définitivement et voterait ou non le travail et la dépense nécessaire à son exécution.

Notre système, d'ailleurs, n'est pas absolument nouveau. Il a son germe dans l'amendement proposé par MM. Bardoux et de Ravignan lors de la discussion de la loi du 5 avril 1884 : « Tout vote de contribution extraordinaire dépassant le maximum fixé par l'article 145, ou de tout emprunt remboursable sur ressources extraordinaires dans un délai excédant trente ans, ne sera valable qu'au cas où il y aura eu deux délibérations, à quinze jours d'intervalle, et où la majorité aura réuni les suffrages des deux tiers des conseillers municipaux en exercice. » Entre les deux délibérations, un affichage du projet aurait eu lieu obligatoirement ; grâce à cet affichage, les intéressés, avertis que le conseil municipal se propose de demander un décret ou une loi consacrant une imposition extraordinaire auraient pu, auprès des conseillers municipaux, faire telles objections qu'il leur eût semblé bon (1).

Nous estimons donc, en somme, que le referendum consultation, précédant obligatoirement le vote, par le conseil municipal, des dépenses nécessitées par de nouvelles entreprises d'utilité communale, est le meilleur moyen d'arrêter le développement exagéré des charges locales et, en particulier, de celles qui engagent l'avenir.

Nous avons montré le danger résultant de l'aggravation constante de ces charges et l'insuffisance de la protection de l'Etat.

Nous avons indiqué les divers remèdes préconisés, le meilleur étant, à nos yeux, le *referendum, consultation préalable.* Nous n'avons plus qu'à formuler le vœu que le Parlement vienne consacrer législativement une réforme dont l'urgence est absolue.

1. *Journal officiel*, Sénat, 16 février 1884, page 391.

Vu par le doyen,
GLASSON.

Vu par le président,
BERTHÉLEMY

Vu et permis d'imprimer :
Le vice-recteur de l'Académie de Paris,
GRÉARD.